L'HOMME WHIPPET
*est le trois cent cinquième livre
publié par Les éditions JCL inc.*

Données de catalogage avant publication (Canada)

Paquin, Charles

    L'Homme Whippet

    ISBN 2-89431-305-5

    1. Relations entre hommes et femmes. 2. Hommes
- Psychologie. 3. Couples. 4. Hommes - Attitudes. 5.
Hommes - Québec (Province). I. Titre.

HQ801.P36 2004   306.7   C2003-942043-4

L'HOMME WHIPPET

Le couple québécois en miettes

Pamphlet

© Les éditions JCL inc., 2004
930, rue Jacques-Cartier Est,
CHICOUTIMI (Québec) G7H 7K9 Canada
Tél. : (418) 696-0536 – Téléc. : (418) 696-3132 www.jcl.qc.ca
ISBN 2-89431-305-5

Charles Paquin

L'HOMME WHIPPET
Le couple québécois en miettes

LES ÉDITIONS JCL

Merci à Stéphan Blainey
pour l'idée de départ,
la lucidité désarmante
et le support indéfectible.
Merci aussi à Luc Filiatrault
pour le charmant titre,
à Jean-Claude Larouche et
Christian Beaulieu sans qui…,
à Lyne Duquette
pour tout l'amour,
et à la plupart de mes amis
pour l'exemple à ne pas suivre.

Merci à Denis Desrochers
pour le concept de la couverture.

C.P.

*Nous ne devons pas tendre
à nous rendre semblables à nos pères,
mais nous forcer d'atteindre
l'espèce de grandeur et de bonheur
qui nous est propre.*

Tocqueville

DU MÊME AUTEUR :

Et si on se rencontrait, Montréal, Éditions Libre Expression, 2003.

Nous reconnaissons l'aide financière du gouvernement du Canada par l'entremise du Programme d'aide au développement de l'industrie de l'édition (PADIÉ) pour nos activités d'édition. Nous bénéficions également du soutien de la SODEC et, enfin, nous tenons à remercier le Conseil des Arts du Canada pour l'aide accordée à notre programme de publication.

Gouvernement du Québec – Programme de crédit d'impôt pour l'édition de livres – Gestion SODEC

TABLE DES MATIÈRES

INTRODUCTION

L'homme *whippet*. En voyant le titre, vous avez sûrement pensé au biscuit bien connu et fait le lien « dur en dehors, mou en dedans ». Et vous avez un peu raison. Mais saviez-vous que le *whippet* est une race de chien? Le *whippet*, qui veut dire « fouette-le » (whip it), fait partie de la famille des lévriers. Il fait un excellent chasseur et chien de course. Fait à noter, les femelles sont souvent un peu plus dominantes que les mâles (comme chez les humains). Connu depuis le XVIIe siècle dans le nord de l'Angleterre, on l'utilisait jadis pour la chasse au lièvre, mais ce n'est qu'à la fin du XIXe siècle que la race fut fixée, par l'apport de sang de terriers et de petits *Greyhounds*[1].

Le *whippet* me semble bien représenter le mâle québécois actuel de 30 à 40 ans. Mais pourquoi en faire un livre? Par ras-le-bol chronique, par déception aiguë. Parce que presque tous les hommes m'ont déçu ou me déçoivent, et aussi parce que les rapports avec les femmes

1. Voir notes, page 133.

sont devenus franchement pénibles. Pour une fois, ce ne sera pas un homme déçu d'une femme ou une femme déçue d'un homme, ce sera un homme déçu des hommes (note: on parle ici d'un homme hétérosexuel).

L'homme québécois est en crise. On le sait. Et par le fait même, le couple. On le voit, on l'observe, mais on n'en parle pas. C'est un sujet tabou. Pourquoi? Parce que cela touche une corde trop sensible en nous. L'homme s'est dégonflé. Et ne veut évidemment pas l'admettre.

Chaque année, aux États-Unis, plus de 3 500 livres sur le bonheur sont publiés. C'est signe qu'il doit bien y avoir un problème quelque part. Dans mon entourage, la très grande majorité des hommes ont deux points en commun: ils sont en couple et ils sont profondément malheureux. C'est ce qui m'a poussé à écrire ce livre. J'ai volontairement laissé de côté toutes les explications d'ordre psychanalytique dont les librairies regorgent pour sonder le quotidien de l'homme. Pour voir comment cela se passe, concrètement.

Tout a commencé autour de quelques

verres, un ami et moi, une fois par semaine durant plusieurs mois. Et un sujet qui revenait souvent sur la table : notre insatisfaction. Par rapport à tous les aspects de notre vie. Et par rapport à nos relations de couple. Mais aussi leur insatisfaction à elles. Qui nous pesait de plus en plus. Et la découverte, au fil des conversations, que nous étions embarqués dans un pattern très similaire, lui et moi. Et puis notre ami untel aussi. Et puis cet autre ami untel. Et puis cet autre! Et l'ami de cet ami. Et ce collègue de travail. Et le frère de.

La découverte d'un pattern, oui. Mais surtout : pourquoi, merde, aucun homme ne réagit? J'ai donc décidé de pousser la réflexion un peu beaucoup plus loin.

Au cours de la dernière année, le verdict est tombé quasi unanimement dans les médias : la pauvre condition de l'homme est due aux femmes. Selon les *baby-boomers*, c'est le féminisme qui serait responsable de la piètre condition de la mâlitude québécoise. En novembre 2002, j'ai vu Marie-France Bazzo exprimer son indignation aux *Copines d'abord* face au fait que l'homme blâmait toujours les femmes et le féminisme pour sa piètre condition actuelle. J'étais d'accord avec elle. Moi aussi, je suis tanné d'entendre cette pseudo-explication. Il fallait qu'un homme réajuste le tir. Et comme personne ne semblait décidé à le faire, j'ai décidé de le faire moi-même.

Donc, c'est la faute des femmes si l'homme est devenu ce qu'il est? Foutaise! Si l'homme en est rendu là, c'est de sa faute et seulement de sa faute. Et, s'il veut s'en sortir, il devra le faire lui-même. Bien sûr, l'homme paye aujourd'hui sa très longue domination sur la femme, car elle s'est prise en mains et pas à peu près. La balance penche maintenant de leur côté. Et la situation est de nouveau déséquilibrée.

Le problème, c'est que l'homme québécois est mou et paresseux. Et il ne semble pas prêt/près de vouloir changer. Le Québécois est un insatisfait congénital, mais il ne fait rien pour remédier à sa situation.

En novembre 2002, lors d'une entrevue à l'émission *Les Francs-tireurs*, Guy A. Lepage résumait bien la situation de l'homme et de la femme au Québec: « Moi, mon opinion des hommes et des femmes en général, on généralise là, c'est qu'arrivé dans la trentaine, un gars se pogne un pattern, il le garde, c'est-à-dire qu'il reste près des choses qu'il aime, essaye de ne pas trop réfléchir aux choses qu'il n'aime pas et, s'il n'est pas tellement confronté, il va s'encroûter. Les filles sont plus courageuses que les gars, elles consultent plus, soit avec des spécialistes, soit qu'elles parlent plus avec leurs amies, et comme elles sont en général plus insatisfaites que les hommes, elles changent d'emploi, retournent aux études, se remettent en question[2]. » Une affirmation très juste à mon avis. Mais là où le bât blesse, c'est qu'au cours de la même entrevue, il avouera ne pas se sentir très solidaire des gars. Et c'est ça le problème. Nous perdons tous nos petites batailles individuelles, chacun dans notre coin, alors que la situation est devenue si désespérée – et désespérante – qu'il faudrait au contraire être plus solidaires que jamais.

Mais l'homme ne parle pas, l'homme ne sait plus où il en est, il s'enferme dans un mutisme qui lui permet de passer au travers. Sauf que le silence ne sert à rien. Le silence n'a jamais réglé aucun conflit. L'homme a des comptes à régler avec lui-même. Et ça presse.

Personnellement, je suis tanné de perdre mes amis un à un, eux qui s'encloisonnent dans leur petite vie de couple, et de ne les voir que pour les entendre se plaindre de leur blonde. Ou encore de les perdre de vue et de les revoir quelques années plus tard, complètement transformés et malheureux. Avec un enfant à charge.

Autour de moi, une pensée fait l'unanimité : vers l'âge de 30 ans, c'est normal qu'on délaisse les amis et veuille vivre quelque chose en couple. Or, le couple est une institution qui ne fonctionne pas, une situation que je comparerais même à l'Église. Selon les dernières études, seulement 20 % des couples seraient heureux d'être ensemble. Et pourtant, l'on continue comme si de rien n'était. Mais je me demande : dans quel domaine 20 % de réussite serait accepté sans mot dire ?

Si une usine réussissait seulement 20 % de ses produits, il se passerait quelque chose de drastique, non ? Si le Canadien de Montréal ne remportait que 20 % de ses matchs, on changerait l'entraîneur, le gardien, plusieurs joueurs et peut-être même le directeur général. Comment expliquer que, par rapport au couple, nous ne fassions strictement rien? Pire, nous ignorons le sujet, les relations conjugales étant devenues presque taboues, même dans l'intimité. Le problème est trop grave, alors on ferme les yeux, on joue à l'autruche.

Depuis l'âge de 16 ans, j'observe et écris beaucoup sur les relations hommes-femmes. Ce pamphlet est le fruit de ma réflexion de plusieurs années sur le sujet. Pour les besoins précis de ce livre, j'ai réalisé d'innombrables entretiens informels avec des hommes de mon entourage, en plus de lire une quarantaine d'ouvrages et de faire une recherche exhaustive sur Internet. Psychologie, sociologie, psychiatrie, j'ai ratissé les moindres recoins de l'homme mou.

Le constat est navrant : l'homme québécois va mal. Je ne vous apprends rien, mais je vais tenter de vous expliquer pourquoi. Vous verrez, mon constat est peu reluisant pour l'homme et assez dur pour la femme : il est une pauvre victime et elle est le bourreau. Mais, je sais bien que, souvent, la vérité est tout autre; dans bien des cas, la femme doit subir les frasques de l'homme *whippet* et se débrouiller seule pour élever ses enfants.

Jusqu'à environ 30 ans, beaucoup d'hommes agissent comme des fanfarons, en particulier dans leurs histoires d'amour. Autour de 30 ans, on ne sait pas encore si c'est elle qui lui met le grappin dessus où si c'est lui qui baisse les bras (ou un mélange des deux) mais il décide de se caser. À partir de ce moment-là, l'avantage va à la femme.

De façon bien souvent inconsciente, la femme prend avantage de la faiblesse de l'homme pour imposer sa vision des choses, et l'homme ne fait que suivre la parade. C'est du moins ce que j'observe dans la très grande majorité des cas. Nous allons voir, dans les prochains chapitres, comment cela se passe concrètement à chaque étape de sa vie de couple.

Précisons d'emblée que mon hypothèse de départ est déjà bien pessimiste comme en fait foi cette citation d'Yvon Dallaire, tirée de son livre *S'aimer longtemps; l'homme et la femme peuvent-ils vivre ensemble?* « Grâce à l'avènement de la technologie moderne, grâce à un mouvement d'émancipation féminine, grâce à un meilleur contrôle des conséquences de la sexualité, grâce à l'autonomie financière des femmes, grâce à la diminution des heures de travail, grâce à bien d'autres choses…, les hommes et les femmes passent maintenant beaucoup plus de temps ensemble. Et ce temps passé ensemble démontre de plus en plus que l'homme et la femme ne sont pas faits pour vivre ensemble… longtemps[3]. »

Et je tiens à le préciser tout de suite, mon point de vue est personnel et donc essentiellement masculin. Mais je suis persuadé que les hommes sauront s'y reconnaître et les femmes y trouver écho.

1. UN ÊTRE
FONCIÈREMENT POLYGAME

La plupart des chercheurs américains remettent aujourd'hui en question le mythe de la monogamie. Il était temps! La monogamie n'est pas naturelle chez l'homme, qu'on l'avoue enfin! Comme le mentionnait le chanteur Daniel Boucher, « l'homme peut être avec la femme de sa vie, il en désirera toujours des dizaines d'autres[4] ».

Chaque homme parle d'autres femmes, flirte avec d'autres femmes, fantasme sur d'autres femmes ou baise avec d'autres femmes. C'est comme ça et ce sera toujours comme ça. Les seuls hommes monogames sont ceux qui ne *pognent* pas ou encore qui ont un problème de libido. Ils sont donc monogames par défaut.

Dans son livre intitulé *À quoi sert le couple?* Willy Pasini déclare : « L'homme qui mesurait autrefois sa puissance au nombre d'enfants qu'il engendrait, semble aujourd'hui se rassurer en provoquant beaucoup d'orgasmes[5]. »

Mais la femme n'est pas encore prête à entendre cela (et donc encore moins à l'accepter). L'homme se cache donc pour vivre sa polygamie, réelle ou rêvée. Le couple tient par le mince fil du mensonge. L'adultère est la mafia de l'amour. On sait qu'elle existe, mais on n'en parle pas. C'est l'omerta. C'est très surprenant de voir comment l'adultère est tellement répandu et encore si tabou. La femme pense que son homme à elle est différent de tous les autres. Toutes les femmes pensent ça.

Oui, le spectre judéo-chrétien plane encore au-dessus de nos têtes. Figure archaïque, mais encore tellement présente, tellement ancrée dans nos cerveaux de Québécois à genoux.

Le mot « sexe » est le mot le plus demandé sur les moteurs de recherche Internet. De plus, la popularité des sections pour adultes des clubs vidéo, des agences de rencontre, des cyber rendez-vous, des clubs échangistes et de danseuses est symptomatique. Sans parler de toutes les déviances à la mode, de plus en plus répandues et de plus en plus… déviantes, justement.

L'homme est, selon ce que je peux observer depuis une vingtaine d'années, foncièrement polygame et, enfermé dans le morne quotidien du couple, il finit par se désintéresser du sexe avec cette partenaire qui est souvent totalement concentrée sur son enfant et sur le noyau familial. « Les neuropsychologues nous diraient que les sécrétions nerveuses ne sont pas les mêmes. L'attachement sécrète en nous une drogue calmante, tandis que la passion libère une drogue stimulante. Or nous avons besoin des deux[6]. »

Vous remarquerez que la première chose qui disparaît chez le couple après un certain temps, c'est le baiser. Pas surprenant qu'on aille chercher ailleurs ces premiers frissons. Car le couple ne s'enflamme plus. Pour s'enflammer, le conjoint doit se tourner vers une autre partenaire pour retrouver les joies adolescentes mais ô combien délicieuses de *necker* dans un parc ou dans une voiture durant des heures et des heures.

Si l'homme devient finalement monogame après plusieurs années de galère, cela est dû au fait qu'il est un paresseux chronique. Chercher de nouveaux partenaires finit par demander trop d'énergie, alors il finit par en choisir une, même si ce n'est pas nécessairement la bonne, pour avoir sa dose quotidienne d'affection.

Comme l'affirme Yvon Dallaire dans son livre intitulé *Homme et fier de l'être*: « L'homme se marie pour mettre fin aux fréquentations et retourner à la « vraie vie » normale, c'est-à-dire à son travail. Lorsque la femme change avec les années, l'homme se sent trompé, alors que la femme accuse l'homme de ne pas avoir évolué parce qu'il est resté exactement le même qu'au moment du mariage. Comprenez-vous pourquoi il y a tant de divorces[7]? »

Observons maintenant ce qui se passe, étape par étape.

2. IL PART À LA CHASSE

Dans un article intitulé *Je veux un homme et je l'aurai*, Marie-Sissi Labrèche déclare en ouverture : « On veut toutes un homme, ne serait-ce que pour ouvrir le pot de confitures! Mais pour le trouver, il faut *cruiser*, et là, le problème, les mâles ne draguent plus[8]. » Effectivement, mesdemoiselles, les mecs ne draguent plus, vous leur en avez enlevé le goût. Si vous saviez tout ce que le gars doit se tapper pour approcher une fille, vous feriez de même.

Même au stade de la chasse, la proie (la femme) a le beau rôle. Si vous voyiez la *game* qu'elle joue : air bête, attitude de l'intouchable, tout sourire est proscrit. Et si on tente une approche le moindrement directe, c'est la grande réaction offusquée. Exemple typique : dans la rue, vous arrivez face à face avec une jolie demoiselle. Vous vous regardez. Elle approche, vous esquissez même un léger sourire mais, dès que la femme est rendue près de vous, elle ne vous regarde pas. Vous n'existez plus.

Pour arriver à courtiser une femme, il faut du temps, de la patience, du doigté, de la magie, de la chance et beaucoup de courage. Et c'est comme la potion magique, pour réussir, il faut que tous ces ingrédients soient réunis. Si vous connaissez des Européens, vous aurez sans doute entendu une remarque sur notre laxisme et notre manque de savoir-faire dans nos rapports de séduction, mais surtout une incrédulité totale face au comportement de la femme en période de rut.

Dans l'article mentionné précédemment, on suggère même aux femmes de dire merci lorsqu'elles reçoivent un compliment. Imaginez! Dans les bars, même si une fille est très intéressée à parler à un gars, elle ne le fera pas. Elle va lui laisser l'odieux des premiers pas. Dans les bars, comme dans le couple, elle est le *king*. D'ailleurs, ce n'est jamais facile de faire les premiers pas; j'ai rarement vu un homme s'y prendre de belle façon. Avouez que nous avons toujours l'air un peu *tôton*. Mais pas la femme, car elle ne se mouille pas. L'homme va donc encore et toujours avoir l'air con. La femme est sauve ici aussi, car c'est elle qui détient le pouvoir.

Êtes-vous au courant des nouvelles épidémies? De plus en plus de femmes laissent tomber leur moyen de contraception sans en parler à leur conjoint. Ou font l'amour avec un homme sans lui dire que le but est de tomber enceinte. C'est grave, mais c'est de plus en plus répandu. Comme ces femmes qui, une fois leur relation de couple terminée, prennent moins d'un an pour à la fois trouver un géniteur et tomber enceinte. Quand la cloche sonne, les principes fondamentaux prennent le bord.

On dit souvent que les hommes sont égoïstes en amour. Honnêtement, je me demande quel sexe l'est le plus. Mais, pour l'instant, tenons pour acquis que l'homme a réussi à séduire une femme (je laisse à d'autres lesdites techniques).

Au cours des prochains chapitres, nous allons voir comment cela se passe dans la grande majorité des cas.

3. LA RENCONTRE
DU DEUXIÈME TYPE

Chaque homme de ma génération a un profond gouffre émotif. Son père a été peu présent et/ou sa mère l'a surprotégé et/ou une autre dynamique de la sorte. Peu importe l'historique familial, chaque homme a eu son lot de carences affectives. Personne n'a été aimé autant qu'il aurait voulu l'être. Pas assez fort, pas assez longtemps, pas par les bonnes personnes, pas par assez de gens. Il y a toujours un grand manque d'amour en chaque homme. Un trou, un vide. Et le couple est le moyen le plus simple et le plus facile de remplir ce vide. D'ailleurs, pour la grande majorité des gens « trouver un compagnon, une compagne, c'est ce qu'il y aurait de plus important dans la vie[9] ». Avez-vous remarqué la vitesse à laquelle les nouveaux amants décident de cohabiter? Un mois, deux maximum? C'est insensé et pourtant, c'est la norme.

Pour combler ce manque, pour ne pas être seul, il va tôt ou tard accepter la médiocrité du couple, question d'avoir sa dose quotidienne de *minouches*. Il fait ainsi d'énormes compromis qui vont gâcher toute sa vie et ce, seulement pour éviter la solitude. La grande méchante, la grande inconnue. Tout pour éviter de se faire face.

Denise Bombardier affirmait récemment : « Les femmes sont plus autonomes et elles sont plus fortes, pour des raisons d'abord biologiques, que cela plaise ou non[10]. » Et je suis tout à fait d'accord.

L'homme n'a jamais été seul. Entouré de ses parents, de ses amis, de ses collègues et maintenant de sa blonde, il n'a jamais réussi à apprivoiser la solitude. Il ne sait même pas du tout ce que c'est. La solitude est une inconnue et l'inconnu fait peur. Très tôt, l'adolescent mâle plonge tête première dans le sport, la musique, les ordinateurs ou autre domaine qu'il investit totalement. Et il n'en démordra jamais. Il est déjà, avant même d'avoir des responsabilités, dans une fuite bétonnée de la solitude.

Sans foi, sans connaissance de lui-même et donc tellement faible, fragile, vulnérable et carencé, il devient terriblement malléable. Une véritable pâte à modeler que la femme va pétrir à l'image de ses moindres caprices et volontés.

Dès que le couple est formé, le festival du compromis est commencé. Car le reste n'est effectivement que ça, une suite de compromis où l'homme va presque toujours céder; à quelle heure on part le samedi matin, le choix du resto, la couleur du salon, etc. L'homme n'a pas fini de faire des compromis. C'est même le début de sa nouvelle vie.

Actuellement, « 50 % des couples divorcent après quelques années et de 25 % à 30 % des couples disent se résigner ou s'endurer. Un couple sur cinq seulement serait donc heureux d'être ensemble[11] ». Pourtant, bizarrement, le mariage n'a pas perdu de son attrait, même si « un an seulement après leur mariage, 45 % des couples interrogés se disent insatisfaits sexuellement[12] ».

Devant ces statistiques pour le moins alarmantes, la grande surprise est la réaction de l'homme. Il continue de reproduire un concept qui ne fonctionne pas. « Aux États-Unis, 95 % de la population se marient au cours de leur vie[13]. » Et malgré l'échec, « 80 %

des divorcés tentent un deuxième et même un troisième mariage[14]. »

Selon Paule Salomon, qui, à mon avis, a écrit un des meilleurs livres sur l'homme, *Les Hommes se transforment* – il fallait que ce soit une femme qui l'écrive : « … le potentiel de destruction porté par la lutte des sexes, s'il s'est minimisé culturellement, n'en est pas moins terriblement agissant. Aucun couple ne peut considérer qu'il sautera à pieds joints sur la lutte des sexes et qu'il sera dispensé de traverser les handicaps relationnels que sont le fusionnel, le dominant/dominé, le conflit. Nous sommes tatoués par le passé comme par une marque d'esclavage et le seul laser que nous ayons à notre disposition est celui de la conscience[15]. » Donc, c'est clair que l'on continue de vouloir vivre en couple, même si on sait que cela ne fonctionne pas. On cherche les causes. Et elles sont nombreuses.

Cela peut paraître cliché, mais l'homme a besoin d'une deuxième mère. Même adulte, il a besoin d'être materné. La plupart des hommes l'avouent d'emblée; sans la présence d'une femme, leur vie serait un dérapage non contrôlé. Ils ont besoin de l'encadrement de la femme, de son côté organisé. L'homme devient alors dépendant de sa conjointe, comme il a été dépendant de sa mère plus jeune. L'homme a également besoin d'une femme pour assurer les contingences de la vie domestique.

Mais, là où ça se corse, c'est que le souhait le plus cher de la femme est de changer son homme tandis que le souhait le plus cher de l'homme, c'est que sa femme ne change pas. Dans la réalité, la femme change beaucoup pour devenir mère et l'homme aussi change pour ne pas perdre sa femme.

« Symétriquement la femme se durcit dans son opposition, s'isole dans un semblant de toute-puissance, se coupe d'elle-même et de l'homme. Le fossé entre les sexes qui s'était déjà creusé dans le dominant-dominé du patriarcat retrouve ici l'occasion de s'approfondir, de devenir une fracture douloureuse. Toutes les décennies à venir auront sans doute à éponger ce phénomène[16]. »

« L'homme, aussi, est confronté à un dilemme : croyant se libérer en suivant les diktats du mouvement féministe, il en arrive maintenant à « réagir » à la femme et à se soumettre à elle afin de la garder : il n'« agit » plus comme l'homme décrit ci-dessus; il agit comme il croit qu'il devrait agir pour lui faire plaisir. En réagissant ainsi, la femme continue d'être la mère nourricière et l'homme d'être le bon petit garçon obéissant. Or, les femmes ne font pas l'amour avec leurs enfants. Elles recherchent des hommes, des « vrais »[17]. »

C'est ce que j'observe partout autour de moi. C'est fou tout ce que l'homme fait pour essayer de passer pour un bon gars. Même à 35 ans, il a effectivement l'air du petit gars qui veut encore plaire à sa mère.

Mais je ne crois pas que cela soit la seule explication. Il s'agit plutôt d'un ensemble de facteurs assez récents dans l'histoire de l'humanité. L'homme de l'an 2000 n'a plus de fondements spirituels, plus de croyances, plus de repères, ce qui se traduit au niveau de son identité par un autre vide qui rappelle celui de son enfance.

Il a beau consommer à outrance pour camoufler ce vide (objets, voyages, drogues, alcool), faire le paon en public, se tuer à l'ouvrage, cela ne change rien à sa condition. Le vide est toujours présent. D'ailleurs, « une analyse portant sur 39 000 personnes de 8 pays conclut que les jeunes de 25 ans ont trois fois plus de chances aujourd'hui de souffrir de dépression qu'il y a 50 ans »[18].

De plus, rendu à un certain âge, l'homme est moins attirant physiquement. Il a perdu des cheveux et il a gagné en bedaine. Sa confiance à faire de nouvelles conquêtes s'en trouve ainsi fortement altérée. À 30 ans, il est de moins en moins actif et, la plupart du temps, il ne fait que travailler au même endroit et rentrer au bercail tout de suite après. Cela réduit de beaucoup ses contacts avec la gent féminine. De toute façon, la femme en général reste de plus en plus chez elle parce qu'elle a tout ce qu'il faut à la maison : son enfant.

La seule chose qui ait vraiment changé pour l'homme, c'est qu'il combat le modèle répressif du couple avec plus de ténacité. Auparavant, avec les fortes pressions sociales (l'Église, la famille…), l'homme rentrait dans le rang très tôt. L'homme prend maintenant plus de temps, mais, bizarrement, arrive néanmoins au même résultat : il va vivre avec une femme à contrecœur, va lui faire des enfants, souvent à contrecœur, et va devenir malheureux. C'est presque automatique.

La génération actuelle est plus cultivée, a voyagé, a accès à plus de choses qu'avant. Sa vision s'est élargie. Elle a plus de rêves, plus d'ambition. Et ne veut pas rentrer dans le rang tout de suite. Selon la sociologue Renée B. Dandurand, « cette multitude nouvelle de projets de vie constitue sans doute le plus grand défi des jeunes couples contemporains[19] ».

Au lieu de faire la fête jusqu'à 20 ans, l'homme la fait maintenant jusqu'à environ 30 ans et parfois même un peu plus. À cet âge, l'homme va finalement se commettre à la prison du couple, après plusieurs années de galère. Les plus faibles se laisseront avoir avant 30 ans, les plus forts avant 35 ans. Les durs de durs avant 40 ans. Aucun homme ne semble avoir la force d'y échapper. Malgré de très fortes réticences, l'homme va finir par plier.

Un autre gros problème, c'est que le couple, tel qu'envisagé par la femme, vise trop souvent un objectif ultime : faire des enfants.

Et, comme l'écrivait l'auteur Stéphane Bourguignon dans *L'Avaleur de sable*: « Une détentrice d'utérus qui veut le rentabiliser, c'est comme une narcomane en manque. Tu peux lui expliquer cent fois qu'elle se détruit l'existence, elle finit toujours par se procurer ce qu'elle désire[20]. » Et, même si la femme ne veut pas d'enfants, elle impose ses quatre volontés, d'une façon consciente ou non. Même chose lorsque le couple ne peut pas avoir d'enfants de façon naturelle. Avez-vous déjà été témoin d'un couple à l'aube de la quarantaine qui désire avoir un enfant à tout prix mais qui est dans l'incapacité d'en avoir un de façon naturelle? Leur entêtement devient pathologique.

Au début de la relation, c'est vrai, la femme est parfaite. C'est la phase 1 dite *fusionnelle*, là où elle correspond exactement à l'image de la femme idéale. Elle boit, elle déconne, elle fait la fête jusqu'à trois heures du matin, elle aime les amis de son chum et, au lit, elle est très, très satisfaisante. Bref, la totale.

Il faut voir l'homme, au début, se promener main dans la main avec sa conjointe, comme lobotomisé. Il est dans les nuages.

Mais il va le regretter. Car pendant qu'il flotte, elle en profite pour tisser sa toile. Pour l'attirer dans le nid.

Candidement, l'homme pense que la femme sera toujours comme ça. Que nous sommes naïfs! En peu de temps, la femme va devenir autre chose et très souvent une machine à faire des bébés. L'homme, lui, est un aigle solitaire que la femme tente par tous les moyens de mettre dans une cage. Il y a des aigles usés, des aigles soumis, des aigles aigris, des aigles qui ont baissé les ailes, mais ils sont tous – ou étaient tous – à la base des aigles.

Au début de la relation, l'homme est aveuglé par le désir. Les véritables divergences apparaissent seulement quelques mois plus tard lorsque la femme aura mis un terme au processus de séduction pour entrer dans la phase de *nidification*.

Au début, elle se fait douce, sexy, complètement offerte à l'homme, mais, une fois son cœur gagné, c'est le grand remue-ménage. Place à ses besoins à elle.

À partir de ce moment, l'homme devient

son esclave. Regardez autour de vous, le terme n'est pas trop fort. Nous sommes alors dans la phase 2 de la relation : la *désillusion*. Comme le disait récemment Jacques Fournier dans une lettre à *La Presse* : « En résumé, l'amour qui dure est rempli de désirs et de projets, mais sans espoir[21]. »

Une amie me faisait remarquer récemment que la grande majorité des femmes qu'elle connaît prennent leur pied quand elles parviennent à mettre un homme totalement à leur merci, à lui faire ranger ses bas dans le tiroir, à lui faire rabattre le banc de toilette après usage. Elle est au paradis quand le gars ne peut plus se passer d'elle, bouger sans elle, penser sans elle, quand il n'a plus l'énergie de la contrarier ou de la contredire, quand il n'osera plus lui avouer qu'il trouve Julia Roberts absolument magnifique. Et, quand le mec est devenu l'homme parfait, le nouveau, le rose, elle lui trouve beaucoup moins de charme qu'avant. Le constat est navrant, mais la dynamique du couple est, sous sa forme actuelle, un cul-de-sac.

Le couple québécois actuel est médiocre. Tous ses aspects le sont : la qualité de la relation même, la qualité de leur vie, la qualité de leurs échanges, la qualité de leur écoute et la qualité de leur sexualité.

Après quelques mois seulement de relation, la femme commence à dénigrer son homme, c'est inévitable. Tous les hommes que j'ai interrogés m'ont fait part de cette situation. Même dans les couples dits tranquilles, le manque de respect finit par faire son chemin.

Si, au début, il s'agit de subtils sous-entendus, ils deviennent de plus en plus nombreux et de moins en moins délicats. Devant la famille et les amis, il est un trophée qu'elle exhibe; ses moindres bons coups sont commentés et portés aux nues. À la maison, par contre, il est un moins que rien.

Aucun homme ne semble arriver à correspondre à l'image idéale que s'est faite sa femme. Elle voudrait qu'il soit tendre, mais viril. Téméraire, mais papa. Voilà pourquoi l'homme nage dans le désarroi le plus total. Et qu'il ne réussit jamais à satisfaire sa femme complètement.

L'homme, lui, n'étudie plus, sort moins et pratique moins d'activités. Tous des endroits où, auparavant, il rencontrait des filles. C'est lorsqu'il aura baissé complètement les bras qu'il se décidera à faire une croix (qu'il pense définitive) sur le célibat. Oui, arrive ce moment où le gars abdique, où il n'a plus d'énergie. Il laisse alors tomber ses idéaux de jeunesse et ses rêves pour entrer dans le moule. Pourtant, il sait pertinemment, au fond de lui-même, que le couple n'est qu'une suite de compromis.

Mais, moins confiant, moins d'occasions de rencontres, moins d'énergie, il va finir par choisir la solution facile : le couple. Et ce, même si cette relation est franchement insatisfaisante. Et même destructrice.

Il abdique, se laisse emporter par le courant et va se soumettre entièrement aux diktats de la femme. Souvent sans même s'en apercevoir. La plupart du temps, cependant, il ferme les yeux volontairement. L'homme de l'après-féminisme est devenu un homme mou qui se laisse manger la laine sur le dos par la femme, par SA femme.

L'autre grand problème, c'est que l'homme et la femme cherchent chez le sexe opposé des choses qui sont antinomiques. Ils/elles ne l'avoueront jamais, mais voilà, à mon avis, ce qu'ils/elles cherchent chez le sexe opposé.

Les femmes cherchent :

1. Un géniteur rassurant.
2. Un homme qu'elle va pouvoir changer, modeler à son image.
3. Un homme un peu rebelle mais docile et soumis.
4. Un homme avec un bon sens de l'humour mais sérieux et responsable.
5. Un *kid* allumé mais protecteur.

Les hommes cherchent :

1. Une femme charmante qui les allume, peu importe le type.
2. Une femme bien dans sa peau.
3. Une mère (pour eux-mêmes).
4. Une maîtresse.
5. Une *nanny*.

« À ce stade, se joue l'avenir du couple. Plus de la moitié des couples divorceront et beaucoup répéteront la même dynamique avec un nouveau partenaire. 30 % des couples se résigneront, développeront une relation de couple déséquilibrée, se feront une guerre entrecoupée de périodes d'accalmies (sursaut de production de *phénylétilamine)* et rechercheront des compensations dans le travail, la famille ou ailleurs. À peine 20 % des couples réussiront à transformer cette lutte inévitable pour le pouvoir en partage de pouvoir, troisième étape de la vie de couple[22]. »

Si le couple se rend effectivement jusque-là, ils vont aller vivre ensemble.

4. UNE COHABITATION HOULEUSE

Dans le livre de Mathias Brunet, Guy A. Lepage y va d'une belle métaphore : « C'est comme si tu mettais un poisson et un oiseau dans la même cage[23]. » En effet, il m'apparaît très clair que la seule façon qu'un couple puisse survivre, c'est de faire appartement ou maison à part. De cette façon, les effets mortels du quotidien sont freinés. Lorsque l'homme va chez sa conjointe, il est traité en prince et celui-ci lui rend la faveur lorsqu'elle va chez lui. De plus, avoir chacun son appartement permet à l'autre de pouvoir avoir son espace, sa petite bulle protectrice tellement utile en temps de stress. Et tellement bénéfique pour le bien-être de chacun. Mais cela ne tient pas compte des carences affectives de la majorité des êtres humains.

C'est pour combler ce manque que l'homme décide finalement d'aller vivre en appartement avec sa blonde. Deux êtres si différents peuvent difficilement cohabiter, mais là où ça devient carrément impossible, c'est que, dès qu'ils sont sous un même toit, les êtres et les rapports entre eux se modifient drastiquement.

Et l'homme whippet a le don de choisir des partenaires dominantes. Dès qu'il est installé dans le quotidien de la femme, celle-ci enclenche automatiquement le processus de nidification, puissant et irrévocable. Il n'y a rien à faire. La femme est programmée pour ça depuis des millénaires. C'est dans ses gènes et l'homme qui veut résister est un *bug*.

Il faut être très, très fort pour résister, car, dès qu'ils sont sous un même toit, la femme fait tout ce qui est en son pouvoir pour garder l'homme dans le nid. Pour cela, elle aura recours à tous les procédés féminins (plaintes, larmes, chantage, menaces, apitoiement, etc.). Un arsenal puissant, diversifié et très insidieux.

Bien sûr, au début, à court terme, il est comblé comme il ne l'a jamais été. Une dose d'affection quotidienne, une sexualité débordante. À court terme, oui. Il a cru que la magie allait durer. Erreur. Naïveté ou optimisme aveugle? Durant les premières semaines, l'homme est dans une petite bulle d'amour. Il parle de sa blonde comme si elle était une actrice de cinéma, il a les yeux pétillants, il se sent mâle, viril. Mais la petite bulle va rapidement se dégonfler. De façon directement proportionnelle à la vitesse à laquelle l'homme laisse aller sa vie et tout ce qui comptait pour lui.

« Quant à la femme-araignée qui avait tissé une toile d'érotisme et d'intelligence, elle s'effondre devant la télévision et n'a le courage de sortir que pour aller voir sa maman[24]. » C'est également à cette période que la femme se redécouvre une fibre familiale. Si, au début de la relation, elle menait une vie de joyeuse célibataire, la voilà maintenant dans un *trip* famille. Les sœurs, les frères et les parents se mettent alors à envahir l'intimité du couple. Les appels, les visites et les soupers de famille se multiplient à un rythme effarant.

La femme que le gars aimait n'existe plus. Elle est devenue une autre. Et il est pris au piège avec cette autre. La femme, de son côté, est en train de réussir à modeler son homme selon ses désirs. Mais cela se déroule assez rapidement, car c'est à ce stade que l'homme rend les armes. Il arrête d'argumenter, il arrête de se battre, il consacre de moins en moins d'énergie à son couple. Si, pour la femme, la cohabitation est le début d'un règne, pour l'homme, c'est le début de l'ère du silence.

La femme de l'homme whippet devient jalouse et possessive, ce qu'elle n'était nullement au début de la relation. Elle se plaint qu'il voit trop ses amis, tandis qu'elle, de son côté, n'en a plus. Pire, elle n'aime plus les amis du gars, parce qu'ils sont trop ci ou trop ça. Ils deviennent même des ennemis jurés. Avoués ou non. On pourrait comparer cela à un processus d'ovulation mais au niveau social. Dès qu'elle a mis le grappin sur le futur père, c'est comme si la femme sécrétait un liquide tuant tous les autres hommes autour d'elle. Les siens et ceux de son conjoint.

Tous mes amis, sans exception, se font reprocher leurs écarts lorsqu'ils rentrent à la maison un peu tard et un peu ronds. Pourtant, il me semble que cette propension des hommes à faire la fête ne date pas d'hier. Et je ne suis pas sûr que c'est demain que cela va s'arrêter.

Ici, la femme devient insatisfaite pour toujours, c'est-à-dire qu'elle ne sera jamais plus totalement satisfaite. Un indice? L'environnement physique. Elle veut à tout prix changer quelque chose dans la maison, apporter des modifications, faire des rénovations. Observez bien, ça aussi c'est viscéral chez elle. Une autre projection dans le futur. Le nid doit être impeccable. Pour l'avenir. C'est sans doute inné, mais toute leur pensée est orientée vers l'avenir.

Durant cette période, l'homme, qui devient de plus en plus une pâle copie de lui-même, essaye de réaliser l'impossible, soit de sortir avec ses amis mais en compagnie de sa blonde. Le résultat est navrant. Les premières fois, elle joue la cool, la fille ouverte, elle a un bon sens de la répartie, mais, rapidement, elle montre à tout le monde qui est le boss. Elle boude, elle est constamment sur ses gardes et agit comme une femelle qui défend son petit. Quiconque a été dans des situations semblables sait à quoi ressemble un 5 à 7 en compagnie de la blonde d'un de ses amis. Le gars n'ose pas dire tout ce qu'il dit habituellement, cela crée un froid, il y a des silences embarrassants, bref, c'est pénible.

Après quelques mois où il tente de

conciler amis et blonde, de jongler entre plaisir et vie de couple, il abandonne. Car ce n'est plaisant pour personne. Il décide alors de consacrer quelques rares soirées à ses amis et de passer toutes les autres dans les pantoufles du couple.

Le problème, c'est qu'entre ces sorties entre gars, il subit un véritable lavage de cerveau de la part de sa blonde. À chaque rencontre, il perd du tonus psychologique. La transformation est fulgurante. Son discours se ramollit, ses prises de position sont moins franches, on dirait qu'on a affaire à un imposteur.

Même pour prendre des vacances, seul ou avec un ami, le gars va se sentir mal à l'aise de demander une chose pareille à sa conjointe. Arrive un moment où l'homme est tellement conditionné qu'il se met automatiquement en mode compromis.

Évidemment, rendu là, les rencontres avec ses amis s'espacent et sont remplacées par des soupers de couple (une autre volonté de la femme) où l'homme s'ennuie royalement.

La femme-araignée va aussi, durant cette période, tenter de trouver des activités à pratiquer avec lui. Pour plusieurs raisons. Premièrement, parce qu'elle a délaissé ses amies, mais aussi pour isoler le couple encore plus, pour tenir son conjoint bien en laisse. Vélo, ski de fond, visite des parents, même les activités sociales et sportives de l'homme sont dorénavant choisies et organisées par la femme. Un autre élément subversif de contrôle.

L'homme devient si mou durant cette période qu'il est à peine reconnaissable. Il est sur le pilote automatique. La femme, elle, se sent de plus en plus délaissée, alors que c'est plutôt qu'elle a besoin d'une double ration de présence et d'attention. Pourquoi? Pour être assez sécurisée pour faire un enfant dans ce contexte. À ce stade-ci, elle est beaucoup plus préoccupée par l'entité du couple que par son conjoint. Elle ferait tout pour défendre l'image du couple, mais elle ne fait pratiquement plus rien pour le conjoint, l'amant.

Le couple est en appartement depuis environ un an. À ce stade, la femme suggère la plupart du temps de déménager dans une quelconque banlieue-dortoir, souvent le seul endroit où ils ont les moyens de s'acheter une maison. C'est également une excellente façon de l'éloigner définitivement de tous les vices de la ville (les amis, les bars…). Le prétexte? On ne peut pas élever un enfant en ville, il manque d'espace et c'est bien trop dangereux! Combien de fois a-t-on entendu ce discours?

L'isolement est alors total. L'homme est coupé de ses pulsions, de ses envies, de ses désirs à lui, bref, de tout, et surtout de lui-même. Sa vie lui échappe. Sa vie lui glisse entre les mains. Son univers intérieur est anéanti.

C'est ici que le couple atteint le point de non-retour. Habituellement au cours de la deuxième année. Encore ici, la différence fondamentale entre l'homme et la femme pèse lourdement dans la balance. Tandis que l'homme, au début, est très amoureux et rapidement passionné, la fille est sur ses gardes, prend son temps, évalue son homme. Lui délaisse ses amis pour être avec sa blonde, tandis qu'elle est tournée vers ses amies. Après deux ans, l'homme, dont la passion a diminué, se tournera alors vers l'extérieur, avide de liberté et de soirées entre *boys*. Malheureusement, c'est au moment même où elle, après deux ans d'observation et de réflexions, se tourne vers l'intérieur pour s'investir à fond dans le couple. Un mauvais *timing* qui va, plus souvent qu'autrement, avoir raison du couple.

Inévitablement, à ce stade-ci, la femme lance le premier d'une série de « il faut qu'on se parle ». Cette phase importante de questions et de remises en question se poursuit presque sans arrêt durant des mois et des mois. « C'est quoi nous deux? », « Où est-ce qu'on s'en va? », « Pourquoi on ne se parle plus? » et autres « M'aimes-tu? » constituent le lot quotidien de l'homme durant cette pénible période. Il subit un véritable harcèlement qui a un effet dévastateur sur ce qui reste de sain dans le couple.

Toutes ces questions sont jumelées à des reproches qui sont également incessants. « J'ai l'impression que je suis moins importante pour toi », « Tu ne me donnes plus d'affection », « Je ne te reconnais plus », « Tu as changé », « Tu regardes les autres filles », « Tu es retombé en adolescence » et autres « Tout ce qu'on fait, c'est baiser ». À ce stade, aucune phrase n'est dite sans point d'interrogation ou d'exclamation.

Les questions et les reproches pleuvent sans arrêt pendant des mois, rendant le climat extrêmement lourd et désagréable. Il s'agit d'un véritable test que l'homme passe, comme il passe tous les autres, c'est-à-dire en parant les coups mollement, en esquivant de peine et de misère. Il encaisse presque sans rien dire, ménageant la chèvre et le chou, maugréant devant ses amis mais devenant encore plus faible devant sa conjointe.

Il a maintenant tout fait pour lui plaire, il est devenu ce qu'elle voulait qu'il devienne, mais, malgré tout, elle demeure insatisfaite. Le couple est en guerre et l'engueulade devient le pain quotidien.

L'homme est maintenant investi psychologiquement comme futur père. Ici, la femme de l'homme whippet ne tient plus compte des besoins et désirs de son conjoint. L'amant n'existe plus, il est devenu un futur père qui doit maintenant entrer dans un moule très étroit et suffocant. Un carcan où l'amusement cède au sérieux, où le plaisir fait place aux responsabilités.

La femme va aussi très souvent jouer au bébé. Elle va jouer à l'enfant qui a besoin de son père. À ce moment-là, elle sollicite le côté protecteur de l'homme, et celui-ci va se laisser attendrir et effectivement jouer au père avec elle.

Et lorsque l'homme joue au père avec sa femme, elle fait alors d'une pierre deux coups : premièrement, elle attire l'empathie de l'homme et se fait ainsi pardonner ses dernières crises, de plus en plus lourdes et de plus en plus nombreuses; deuxièmement, il n'en fallait pas plus à la femme pour se convaincre qu'il fera un bon père. Il marque ainsi des points bien malgré lui.

L'entonnoir de la femme fonctionne à merveille. Chaque étape est précise comme une horloge suisse et planifiée de façon fabuleusement stratégique et souvent même inconsciente tellement l'instinct est puissant. Le sablier a été retourné, il n'y a pas une seconde à perdre.

L'homme, lui, devient un gentil monsieur qui va chez *Loblaw's* le samedi matin; passe ses soirées à la maison; loue des films qu'elle choisit; fait des rénovations dans le nid d'amour et va souper chez la belle-mère le dimanche soir.

Elle est également beaucoup moins portée sur les relations sexuelles de façon à augmenter son contrôle et son pouvoir dans la relation. Une arme de plus qu'elle ajoute à son arsenal. L'homme réagit alors comme un piteux pitou. Il donne la patte. Il ne sortira pas avec ses chums samedi soir prochain pour avoir son biscuit.

Dans mon cercle élargi d'amis, faire une activité avec des copains deux soirs de suite est considéré comme un geste « politique », c'est-à-dire qu'il y a un potentiel de confrontation élevé. Tout doit être négocié. Et si le gars décide de participer aux activités les deux soirs, vous pouvez être certain de ne pas le voir pendant les trois prochaines semaines; il sera trop occupé à se racheter.

À cette étape, la femme s'applique férocement aux tâches de nidification. Elle doit consolider le nid. Pour l'homme, la transformation psychologique est dévastatrice. La dynamique du couple est devenue pour lui très pénible. Son univers se rétrécit, tant socialement qu'intellectuellement. De façon générale, l'homme est tellement faible qu'il choisit de devenir quelqu'un d'autre pour suivre la voie de la femme au lieu de se prendre en mains pour trouver son propre chemin. Et que devient-il exactement? Une pâle copie de la femme, justement. Il devient encore plus mou qu'il ne l'était au départ.

Dorénavant, l'homme évolue dans un environnement féminisé à souhait. Il cède de plus en plus à tous points de vue tandis que la femme devient de plus en plus intransigeante. L'homme est devenu un aigle avec du plomb dans l'aile, un chasseur désarmé.

À ce stade-ci, il cesse de faire des efforts pour le couple. Exit la variété et la fantaisie. Avant, il faisait des efforts parce qu'il y avait de la concurrence. Maintenant qu'il possède sa femme, maintenant que c'est un fait acquis, la femme peut dire adieu à l'homme romantique du début.

Durant cette phase, le sens de l'humour de

la femme prend le bord, elle devient susceptible et contrôlante. Elle pleure souvent, ne sort presque plus, bref, elle n'est plus reconnaissable. Il vit maintenant avec une extraterrestre. C'est qu'elle se prépare tranquillement à devenir mère. Elle est très concentrée. Elle revêt une image de femme en contrôle, sérieuse et responsable. Tout se referme sur elle-même. Exit le plaisir.

À ce stade, l'homme et la femme ne sont plus pareils. Et ne seront plus jamais pareils. Entendons ici qu'ils ne retrouveront plus jamais l'élan des joyeux amants qui batifolaient dans l'épicurisme. Il s'agit d'un adieu définitif aux petits plaisirs amoureux.

C'est ici, également, qu'on dit adieu à la sexualité si épanouissante du début. La passion a bel et bien disparu. Les relations sexuelles sont devenues une course à l'orgasme. Notons à ce sujet qu'il a été prouvé que la passion dure de six mois à deux ans, maximum. Et qu'elle est purement biologique. En effet, la passion serait la résultante de sécrétions d'endorphines déclenchées dans le cerveau par la partenaire. Après quelques mois, à la vue du même stimulus, la sécrétion est de moins en moins forte. L'homme va ainsi se mettre à rechercher la passion chez d'autres femmes.

De toute façon, même s'il est encore heureux avec sa conjointe, l'homme ne peut s'empêcher d'entrer dans des processus de séduction avec d'autres femmes. Faire la cour sera toujours le sport préféré de l'homme. Et pourquoi ferait-il la cour à cette femme bête qui passe son temps à lui reprocher des trucs?

L'homme, habituellement un bon vivant, un débonnaire, devra dès lors fonctionner dans cet univers où tout est calculé à la lettre. Il devra maintenant penser à des projets communs. D'un côté, il voit les avantages de se faire prendre ainsi en charge (chose qu'il est incapable de faire lui-même), mais, d'un autre côté, il se fait éloigner de sa propre nature de façon si drastique qu'il est complètement déstabilisé.

Le compte bancaire conjoint est un bon exemple de ce passage difficile vers un couple proprement dit. Pour l'homme, le compte conjoint, c'est le début officiel de la fin. Vous remarquerez comme ce sujet est épineux pour les hommes. Car il est symbolique. D'ailleurs, l'aspect financier est le principal sujet de discorde chez le couple parce que l'homme sait qu'à partir d'ici, tout sera au « on ». Il sera définitivement deux, lui, si « je » de nature. La corde autour du cou se resserre encore un peu plus. Il manque d'air. Et s'il s'éloigne, la corde se resserre encore plus, alors il va suivre les ordres et opter pour le statu quo.

Pour la femme, peu importe la condition de l'homme, elle a décidé d'en faire le père de ses enfants et rien ne pourra l'en empêcher. La femme est devenue un bulldozer avec des œillères. Il a beau avoir de grosses difficultés personnelles et/ou professionnelles, il a beau être alcoolique et/ou drogué, peu importe, pour elle il est le futur père. Il n'y a rien à faire. C'est coulé dans le béton. Elle ne le voit plus pour ce qu'il est mais pour ce qu'elle voudrait qu'il soit.

L'important à considérer ici est qu'à partir de maintenant, le bonheur de l'un dépend totalement de l'autre. Mais, après quelque temps, l'homme va finir par être progressivement conscient de son malheur. Il va faire des sorties de plus en plus fréquentes contre sa blonde. Il va se plaindre à outrance, mais, le pire, c'est qu'il va lâchement rester en couple.

Une fois le processus enclenché, l'homme s'aperçoit qu'il a à faire de plus en plus d'efforts, lui qui s'était réfugié dans le couple justement pour ne plus avoir à en faire. Il doit entre autres défendre sa liberté (ne pas aller dans un party chez la belle-famille, pouvoir sortir avec ses amis, ne rien faire un samedi, etc.). D'ailleurs, dans un couple, lorsque le gars achète la paix par quelque action que ce soit, c'est qu'il est déjà trop tard.

Il faut le voir rentrer de plus en plus tôt au bercail, la queue entre les jambes, juste pour ne pas rentrer trop tard. Juste pour sauver les apparences. Ou le voir appeler sa conjointe, durant la soirée, pour la rassurer qu'il ne rentrera pas trop tard. Comme un enfant de cinq ans qui appelle sa maman pour lui dire de ne pas s'inquiéter, qu'il est chez le voisin.

Comment l'homme peut-il endurer pareille manipulation, pareil contrôle? Je ne sais pas. L'homme passe d'esclave de son désir, au début de la relation, à esclave tout court, plus tard dans la relation.

Ce que la femme veut à ce stade-ci, c'est mater son homme. Le dresser comme un chien. Denise Bombardier déclarait récemment dans un magazine : « En France, les femmes acceptent de faire plus de compromis pour vivre avec un homme. Et les femmes n'humilient pas l'homme de leur vie en public. Ici, on le fait tous les jours[25]. » Dans le même numéro, Germain Dulac, sociologue et auteur de *Aider les hommes* ajoute : « Les gars sont dans des relations de dépendance avec les femmes. Quand ils se retrouvent seuls, ils n'ont pas de vrais chums à qui parler. »

Devant les amis, en effet, l'homme a une grande gueule, il est téméraire, mais, à la maison, il se laisse manger la laine sur le dos. Il suit les ordres que sa femme lui dicte. Il n'ose pas la contredire, il se laisse emporter par le courant, comme impuissant.

Il n'y a plus de liberté dans le couple actuel. L'homme manque d'oxygène. Il n'y a plus de communication. L'amour fait tranquillement place au mépris.

Après la libération et l'émancipation de la femme, tout a basculé de leur côté. En quelques années, nous sommes passés de la dépendance financière de la femme à la dépendance affective de l'homme. L'homme est passé par toutes les couleurs dont la plus néfaste a sans contredit été le rose. Il est maintenant incolore, inodore et indolore.

L'homme passe ainsi plusieurs années de sa vie à combler les attentes de sa femme. Jusqu'à ce qu'il réalise qu'il a perdu son identité. D'ailleurs, vous remarquerez que, plus la relation progresse dans le temps, plus la femme traite son conjoint comme un enfant. On passe rapidement d'une relation d'attirance à une relation de servitude. Le contexte et la dynamique changent du tout au tout.

Lorsque la satisfaction conjugale est à la baisse (ce qui arrive inévitablement), l'homme a tellement investi (perdu) pour en arriver là, qu'en pesant le pour et le contre, il ne se sent pas assez d'énergie pour recommencer à zéro. Il est beaucoup trop paresseux. Il va préférer une relation insatisfaisante et déclinante aux efforts requis pour se bâtir une nouvelle vie. D'autant plus qu'il n'a plus l'énergie d'antan. L'autre devient une béquille sur laquelle il s'appuie.

Mais vient un temps où il en a assez. Trop, c'est trop. Son orgueil reprend le dessus. Son instinct de chasseur revient. Les plus courageux vont quitter leur femme. S'il n'a pas encore compris (il y en a beaucoup), il va refaire la même erreur avec une autre. Et ainsi de suite. L'homme ne comprend pas vite.

Une amie psychologue me disait récemment que c'est lors d'une rupture que l'homme est le plus vrai, le plus fort. Il n'est plus l'automate qui suit sa femme sans broncher. Pas surprenant que « la majorité des femmes occidentales qui en sont à leur première grossesse désirent avoir un bébé de sexe féminin et que depuis 1981, on observe une augmentation de 8 % de la préférence pour une fille chez les futurs pères[26]. » Les parents ne sont pas cons, ils préfèrent avoir une fille plutôt qu'un mollasson.

On n'apprend pas de l'erreur des autres. L'homme n'a pas appris de l'erreur de ses parents. L'homme est ainsi fait qu'il ne peut apprendre que de ses propres erreurs. La première fois, il se croit supérieur à tout le monde. À ses amis, à ses parents. Il devra se casser la gueule pour comprendre.

Je suis stupéfait de constater que chacun de mes amis se croit plus fort que tous les autres, plus fort que ce pattern, plus fort que la vie même. Ils se disent : « Moi, je suis différent, moi, je vais réussir. » Et puis quelques mois après, on ne peut que constater l'échec. Ils tombent au combat les uns après les autres. Et ils réagissent comme s'ils ne l'avaient jamais vu venir. C'est pathétique.

Selon une conception très répandue, l'homme aurait peur de l'engagement. Je crois que c'est effectivement le cas. Pourquoi ? Parce qu'il a tout à perdre dans un engagement avec une femme. Car il s'agit bel et bien d'un régime totalitaire.

L'autre jour, un ami proche, qui se dit heureux avec sa copine, me décrivait le couple comme un prix de consolation. Imaginez. Un autre de mes amis, qui lui aussi se dit heureux en couple (…), me disait que le principal avantage de la cohabitation, c'est l'épargne. Eh oui, c'est la réalité !

Le plus triste, c'est que l'homme d'aujourd'hui est tellement *fucké* qu'il a perdu tout espoir de trouver une compagne avec qui il pourrait vivre une relation harmonieuse.

À l'ère du cocooning, le couple se replie sur lui-même, se referme. Le couple n'est pas ouvert sur le monde. Le couple fonctionne comme une cellule, mais une cellule en vase clos. Le couple est une muraille de plus entre la personne et le monde extérieur. D'ailleurs, pas étonnant que, dans les villes, tout le monde se regarde comme des chiens de faïence. Le couple est une entité hermétique, fermée, qui tend forcément à la médiocrité. Elle est une petite relation plate pour innocents.

Le temps a raison de tous les élans, de toutes les passions. Et le quotidien tue l'excitation très rapidement. Payer les comptes, faire l'épicerie, le ménage, avoir à justifier ses comportements sans cesse, voilà quelques exemples des choses que l'homme endure de peine et de misère.

Avec le temps, tout se *désérotise*, tout devient banal, habitude. Ce qu'on appelle le petit bonheur tranquille n'est pas si bonheur que ça. Et pas si tranquille que ça non plus.

L'homme bout à l'intérieur de cette relation, jusqu'à ce que la marmite saute. Et elle saute, tôt ou tard, car le couple actuel est constitué d'un ensemble d'ingrédients dangereux : illusions, mensonges, oublis, dénis et frustrations. Ce sont les ingrédients de base. L'individualité de l'homme prend automatiquement le bord en couple et il y a maintenant un rapport de force incroyable entre les deux parties. L'inégalité grandit et le respect diminue de jour en jour.

Le couple actuel manque de liberté, de folie, d'ouverture, de communication. Selon un récent sondage, seulement « 20 % des couples nord-américains arriveraient à vivre une réelle intimité[27]. »

Mentalement, pour l'homme, c'est la débandade : dépendance, soumission, refoulement des désirs, asservissement, la liste est longue. On appelle ça l'amour. Bizarre, non?

Le philosophe français André Comte-Sponville parle avec justesse dans *Le bonheur, désespérément* « de nos semblants de bonheur, qui sont parfois nourris de drogues ou d'alcools, souvent d'illusions, de divertissement ou de mauvaise foi. Petits mensonges, petits dérivatifs, petites médications, petits remontants[28]. » Malheureusement, je crois que cela définit le *bonheur* de la grande majorité des 30-40 ans d'aujourd'hui.

Au Québec, nous ne sommes pas nés pour un petit pain seulement au niveau professionnel; nos amours aussi sont nés pour un petit pain. Socialement, on joue les tigres mais au niveau personnel, l'homme québécois est faible, peureux, lâche et paresseux.

5. ELLE VEUT UN ENFANT

Lorsqu'on regarde le monde d'aujourd'hui et tout ce qui se passe sur la planète (plus particulièrement la vitesse à laquelle on la détruit), je trouve peu de raisons rationnelles de mettre un enfant au monde. Un monde déjà surpeuplé. Et pourtant, rien n'arrête la narcomane. Et ce n'est sans doute pas le chèque du gouvernement de 1 200 $ au deuxième enfant qui va y changer quelque chose. Faire un enfant demeure un acte égoïste, narcissique et bien irrationnel.

« Quand on constate que le risque de divorce est passé, depuis un siècle, de 5 à 67 % pour un premier mariage et à 77 % pour un second mariage, quand on constate que 80 % des familles monoparentales ont une femme comme soutien de famille, quand on constate le nombre croissant de troubles d'apprentissage et d'échecs scolaires, quand on constate les tueries perpétrées par les adolescents et par des jeunes enfants, quand on constate que l'âge du suicide chez les jeunes continue de descendre, quand on constate que l'indice de natalité continue d'augmenter chez les jeunes filles de 15 à 20 ans, quand on constate le nombre croissant de toxicomanies, quand on constate le nombre grandissant d'unions libres, quand on constate le nombre effarant d'hommes qui se suicident, quand on constate le nombre croissant de drames familiaux se terminant dans le sang… on est en droit de se poser la question à savoir si tout va bien dans le bon sens ou si on n'est pas en train de faire fausse route[29]. » Pourtant, on continue de faire des enfants comme si de rien n'était.

C'est vrai, tout ça ne date pas d'hier. Les humains ont été conçus pour procréer. Rien ne les arrête. C'est la mémoire des ancêtres, c'est dans les gènes. Par contre, en l'an 2000, je pensais que l'homme allait y songer deux fois avant de se jeter là-dedans les yeux fermés. Mais non. Sur ce point, l'homme n'a pas évolué.

Cette pulsion de vouloir procréer, l'homme l'a beaucoup moins que la femme. Cependant, lorsque la femme va lui lancer l'ultimatum – parce qu'il y aura assurément un ultimatum – l'homme va d'abord refuser, mais va finir par accepter. De reculons, mais il va accepter. Il va baisser les bras. Et « pour un grand nombre de couples, il est rare de discuter de la fécondité et de la planification familiale. La communication entre époux à propos de la famille commencerait uniquement après la naissance d'un ou deux enfants[30] ». Ce qui veut dire trop tard.

Si les gens déployaient autant d'énergie dans leur vie personnelle, sociale et professionnelle qu'ils le font pour avoir un enfant, il y aurait assurément un coup de fouet instantané dans la société. Et ce coup de fouet aurait des répercussions sur l'ensemble de ses composantes. Imaginez l'entraide, imaginez les solutions aux problèmes environnementaux, etc.

Dans le livre *Paroles d'hommes* de Mathias Brunet, Pierre Foglia s'exprime ainsi : « Mais moi je n'ai aucune explication. Par contre je peux témoigner d'expériences qui confirment l'existence de deux mondes qui, dirait-on, ne s'interpénètrent que pour faire des enfants. Souvent, des amies, ou des collègues filles me parlent de leur chum, de leur mari, du bonhomme avec lequel elles vivent quoi. Moi je ne le connais pas, je l'ai jamais vu ce bonhomme. Mais au fil des années, de confidences en placotages je finis par me le représenter. Et puis un jour je le rencontre. Je suis toujours frappé par le décalage, la distorsion, c'est pas du tout ce qu'elles disaient! Je vais te dire un truc épouvantable ou incroyable c'est comme tu veux, en cinq minutes j'en sais plus sur leur chum, qu'elles après cinq ans… Elles vivent pas avec le gars qu'elles pensent[31]. »

Dans le même livre, Guy A. Lepage résume très bien ce que beaucoup d'hommes m'ont dit : « Moi, j'ai appelé ma blonde la femme de ma vie, pendant sept ans. Puis notre enfant est né, notre relation s'est modifiée spectaculairement. D'amants, nous sommes devenus parents. »

Le pire? L'homme whippet a beau affirmer qu'il ne veut pas d'enfants, elle est convaincue de pouvoir le faire changer d'idée. Au début par des blagues et, vers la fin, par des menaces. À un moment donné, ce sera carrément : « Ou tu me fais des enfants ou je te laisse. » Un nombre incroyable d'amis et de connaissances se sont fait dire cela par leur conjointe. C'est ahurissant! Dans la grande majorité des cas, l'homme cède. Il va arrêter de se poser des questions et suivre le troupeau sans se rendre compte qu'il s'en va directement à l'abattoir. Tout le monde le fait, ce doit donc être le chemin à suivre, se dit-il.

Tout est savamment planifié. Habituée, depuis le début de ses règles, à tenir compte du calendrier, la femme applique maintenant ce principe à tous les aspects de sa vie. Elle sait la date de leur déménagement, avant même que son chum en soit informé. Elle sait la date à laquelle elle va tomber enceinte, etc. Un jour ou l'autre, en revenant à la maison, l'homme apercevra sur le frigo le « menu pour femme enceinte ». Ce jour-là, on le comprend bien, il avale son steak de travers.

Même en l'an 2000, on fait encore des enfants de façon automatique, sans trop vraiment y réfléchir. Et encore aujourd'hui, dans cette société passéiste et conservatrice, la pression sociale est malgré tout très forte. Une fille qui n'a pas encore d'enfants à 30 ans va se faire demander, dans différents contextes, et même par des gens qu'elle ne connaît presque pas, des explications.

Nombreux encore sont les gens qui vont juger quelqu'un qui n'a pas d'enfants, ce qui amène son lot d'indiscrétions et de commentaires impertinents. D'autant plus qu'au niveau personnel, dans une société qui a perdu ses repères et ses valeurs, avoir un enfant est souvent la seule fierté qui reste.

Récemment, une amie qui participait aux retrouvailles de son école secondaire a vu la seule fille qui n'avait pas d'enfants quitter en pleurant en voyant toutes les autres exhiber comme des trophées les photos de leur progéniture.

Il faut maintenant sortir des livres pour convaincre les gens des bienfaits du célibat et pour leur rappeler que ce n'est pas une maladie[32]. Ceux qui n'ont pas de conjoint sont malheureux et passent tout leur temps à essayer d'en trouver un, dans un cercle vicieux sans fin.

On devrait plutôt célébrer la femme qui ne désire pas avoir d'enfants au lieu de la harceler de questions, de commentaires et de porter des jugements. De toute façon, il y a peu de parents adéquats et toutes les familles sont dysfonctionnelles. Malgré tout, la maternité continue d'être valorisée envers et contre tout.

Pourtant, ne pas avoir d'enfants permet à la femme de pouvoir accéder plus facilement à une vie professionnelle satisfaisante. Elle peut mener une existence totalement consacrée à soi plutôt qu'à quelqu'un d'autre, donc plus de temps et d'énergie pour la réalisation de soi (voyage, culture, passions, amis, conjoint). Elle n'a pas à subir l'échec de n'avoir pas su élever un être équilibré et heureux. Elle s'évite le fardeau d'avoir à élever un enfant seule. Elle peut donner de l'amour à ces nombreux enfants qui sont déjà là et qui en manquent tant.

Environ la moitié des Québécois ne réussissent pas à partir en vacances au moins une fois l'an. Les gens sont pris dans un tourbillon, ne se connaissent pas, réussissent à peine à joindre les deux bouts, mais ont cette confiance aveugle dans le fait qu'ils possèdent tout ce qu'il faut pour fonder une famille.

Mais le gars moyen que je décris dans ce livre, qu'a-t-il au juste à léguer à un enfant? Question valeurs, philosophie de vie, exemple, modèle? Que peut-il, que va-t-il lui apporter au juste? À part ce grand vide dont il est atteint?

Chaque année au Québec, 30 000 enfants sont l'enjeu d'une bataille juridique opposant le père et la mère. Et le père obtient la garde exclusive dans seulement 14 % des cas[33]. Et dans trois cas de garde partagée sur quatre, le partage va comme suit : trois fois sur quatre chez la mère.

Récemment, je lisais dans *La Presse* que, d'après un rapport de Statistique Canada, la grande majorité des couples avec un enfant affirment que ça prendrait quelques heures de plus chaque jour pour joindre les deux bouts. Oui, mais que pensaient-ils? Que ça allait être une partie de plaisir?

Récemment, un ami proche me disait que la condition à laquelle il allait mettre un enfant au monde était que ce dernier allait graviter autour de son monde à lui et non le contraire. Et qu'il allait engager une *nanny*, ce qui lui semblait un gage de succès. Les humains sont comme ça. Ils ont tous leurs chimères propres pour les aider à passer au travers, pour se sentir plus forts qu'ils ne le sont en réalité. C'est clair que, dans sa tête, ses amis ont échoué mais que lui est plus fort que tous les autres. Il va engager une *nanny*. La solution miracle. Comme si cela allait tout régler, allait l'alléger du fardeau d'élever un enfant. L'homme moderne sauvé par une *nanny*.

Un autre de mes bons amis vient souper chez moi environ une fois par mois. Chaque fois, mais vraiment chaque fois depuis quoi? deux ans? il relate la dernière prise de bec avec sa copine. Son prochain projet? Faire un enfant avec elle.

L'été dernier, trois amis proches et moi allons souper ensemble. À la fin de la soirée, un des gars éclate. Son couple dure (le terme est bien choisi) depuis dix ans. Il étale son immense frustration, le sentiment d'être tenu en laisse, de suffoquer, de s'être fait flouer. Il quitte plus tôt que nous, s'en allant d'un pas traînant. Le lendemain, mes deux autres amis m'appellent et me font part de leur grande inquiétude à son sujet. Trois semaines plus tard, je croise un de ses collègues et m'informe de sa condition; celui-ci me répond qu'il l'a vu hier et qu'il affirmait se sentir en grande forme, vivant même un des meilleurs moments de sa vie!

Oui, envers et contre tout (mais surtout la logique), envers et contre tous (sauf sa blonde) il décide, *surprenamment*, d'avoir un enfant.

6. IL DEVIENT PÈRE

Le retour aux valeurs traditionnelles dont on parle depuis plusieurs années est à nos portes. D'ailleurs, 10 ans après le *cocooning* de Faith Popcorn, on parle maintenant de *bunkering* ou, si vous préférez, d'*extrême cocooning*. Les événements dits du 11 septembre, l'augmentation sensible de la violence et de nombreux autres facteurs expliquent ce repli vers la maison. Et maison égale quoi? Eh oui : famille.

Dans un monde de plus en plus violent et invivable, à un point tel qu'on ne sort presque plus de la maison, que fait-on? On barre les portes et on fonde une famille autosuffisante.

L'homme hésite longuement mais finit par se soumettre au couple, un jour ou l'autre. Et il accepte également de faire des enfants, souvent à contrecœur. La raison n'est pas très complexe : il s'agit à mon avis de dépendance affective.

Une des grandes dissensions entre l'homme et la femme réside dans le fait qu'en fondant une famille, la femme bâtit la chose la plus importante dans sa vie tandis que, pour l'homme, la chose la plus importante est sa carrière. Deux conceptions différentes, deux sources de gratification opposées et irréconciliables.

Un extrait de l'essai de Maxime-Olivier Moutier, intitulé *Pour une éthique urbaine*, illustre bien la situation actuelle : « Un homme et une femme, ce n'est pas fait pour aller ensemble. On le voit partout. L'union entre un homme et une femme, cela ne marche jamais. L'amour, c'est ce qui se crée en raison de ce qui ne marche pas entre les humains. L'amour est ce qui se loge entre deux individus, pour que fonctionne la relation. Pour que fonctionne une relation qui ne fonctionne jamais. Comme un joint d'étanchéité pour éviter les fuites. Dans la vérité du monde actuel, on voit des hommes qui se font déposséder de leur rôle de papa, sans la possibilité de dire non, puisque c'est la femme qui décide, puisque c'est elle qui a le beau jeu.

« La famille de maintenant est fondée sur

un contrat qui va comme suit : « Fais-moi des petits, dit-elle les yeux brillants, et le jour où je suis tannée, je sacre mon camp avec les enfants. » Dans la vérité de notre monde actuel, les hommes n'ont pas le même pouvoir que les femmes sur la famille et le couple. Ils assurent à peine la figuration. Au bout du compte, ils finissent toujours perdants[34]. »

Notons que cet auteur était en couple et sa blonde enceinte au moment où il a écrit ces lignes.

L'homme whippet décide finalement de faire des enfants mais : premièrement, il n'est vraiment pas conscient de tout ce que ça implique ; deuxièmement, il n'en assume pas toutes les responsabilités. Trop d'hommes font des enfants à la légère et laissent la majorité des tâches à la femme tandis qu'eux minimisent l'impact et pensent qu'il pourront continuer leur vie comme avant.

Pour la femme, c'est tout le contraire. Dès que l'idée de l'enfant naît dans son esprit, toute sa vie est alors consacrée à cet/ces enfants(s).

À partir du moment où elle accouche, c'en est fait de la sexualité. Dans mon entourage très élargi, presque tous les hommes m'ont avoué que la naissance du premier enfant avait mis un terme définitif à leur vie sexuelle. Tous paraissaient surpris. Et si vous vous parliez un peu entre vous, les mecs?

Un autre de mes amis qui désire avoir un enfant bientôt me justifiait récemment sa volonté de le concevoir avec sa conjointe actuelle parce que, selon ses dires, ce n'est pas le genre de fille qui va faire du trouble lorsque va venir le temps de parler de garde partagée. Imaginez! Nous en sommes rendus là dans la conception des relations hommes-femmes. C'est triste à entendre, c'est triste à constater et ce doit être encore plus triste à vivre.

La valorisation d'être père repose sur deux constats principaux: évidemment, peu d'hommes du haut de leur ego et de leur narcissisme résistent à ce petit bout de personne qui est eux en miniature (rappelez-vous Mini Me dans le film *Austin Powers*). L'autre facteur très important est qu'être père permet à l'homme d'être enfin le bon gars que son père, sa mère, ses beaux-parents et sa blonde attendaient de lui. Il veut se racheter pour toutes ces années d'incertitude et de lâcheté. Ces années d'errance psychologique commencent à tourner à vide. Il tourne en rond après plusieurs années de post-adolescence. La société, les médias, sa famille et sa conjointe lui font comprendre qu'il est peut-être temps de passer à autre chose, d'arriver enfin à l'âge adulte, lui qui n'a abouti à rien de toute façon. Il fait un enfant et voilà que, tout à coup, il donne un sens et une nouvelle valeur à sa vie, augmentant par le fait même sa confiance en lui.

En faisant un enfant à sa femme, le gars pense être arrivé au sommet et d'avoir ainsi réussi à satisfaire totalement sa femme. Mais cela est valable pour quelques mois seulement. À l'automne 2002, l'émission *Découvertes* de Radio-Canada faisait état d'une recherche démontrant qu'à la naissance, l'enfant sécrète une hormone particulière que seuls les parents ressentent, inconsciemment. D'où cet attachement infantile que j'appelle la phase *guili-guili*. Après environ un an et demi, l'enfant cesse de sécréter cette hormone. La femme entre alors en sevrage. Elle doit faire un autre enfant pour combler ce manque.

Pour illustrer l'importance du conjoint lorsque bébé est arrivé, regardez les photos près des ordinateurs ou sur le babillard dans les tours à bureaux. Qu'est-ce qu'on voit? Les enfants seulement. Où est le conjoint/la conjointe? Disparu(e). Au propre comme au figuré.

« Il s'aperçoit assez vite que le visage de la mère des enfants vient recouvrir le visage de l'amante et que le lit conjugal n'est pas habité par le désir. Qu'à cela ne tienne. Il trouvera à l'extérieur du foyer ce qu'il ne trouve pas à l'intérieur. La traditionnelle séparation entre mère et putain s'introduira dans sa vie, il aura des maîtresses pour le plaisir et une femme pour la vie sociale et l'éducation des enfants. Occupé dans ses joutes avec le monde, il sera souvent absent et sa vie affective deviendra de plus en plus désertique[35]. »

Faire un enfant, c'est retenir son souffle pendant trois ans, jusqu'à temps qu'il devienne assez autonome pour ne pas accaparer les parents 24 heures sur 24. Et faire un enfant c'est, à coup sûr, modifier le couple à jamais. Comment peut-on imaginer le contraire comme le font la plupart des couples?

Demandez à un ami qui a un enfant d'aller souper au resto un soir. Je crois que c'est plus facile de déployer l'armée de l'air. Les pères sont confinés dans leur rôle de pourvoyeur. En fait, ils ne sont même plus des hommes, ils ne sont que des pères. Garderie, bain, épicerie... vive la liberté!

Le couple actuel est d'ailleurs incapable de bien faire le passage d'amants à parents. Submergés par les responsabilités, ils réussissent, tout au plus, à se libérer trois heures à chaque mois pour aller au cinéma. La grande aventure. Et à quand remontent les dernières vacances en amoureux?

Au début de la paternité, l'homme whippet passera quelques mois porté par le sentiment de fierté d'être enfin un bon gars. Jusqu'à ce qu'il réalise qu'il est malheureux et qu'en fait il s'est complètement oublié là-dedans. Il a trop donné au change. Il a perdu ce qui lui était le plus cher : ses amis, sa liberté, ses projets, son instinct et son individualité. Il réalise alors que ce bon gars, ce n'est pas lui du tout. D'ailleurs, aucun gars n'est un bon gars. L'homme est un paresseux, point. Et la plupart du temps un lâche.

Lorsque l'enfant naît, l'homme cesse presque automatiquement d'être ce qu'il était. Il abandonne grands projets et grandes ambitions pour se consacrer aux tâches utiles et essentielles à l'éducation de l'enfant. Il est comme une carcasse dont on aurait retiré le corps. Il se promène dans les rues, à l'épicerie, tout malhabile avec son enfant sur le ventre ou dans le dos. Il porte sur lui la chose pour laquelle il a tout sacrifié.

Lorsque la vie amoureuse et/ou personnelle et/ou professionnelle stagne (comme il arrive tôt ou tard à chaque individu), l'arrivée d'un enfant permet de donner une nouvelle vie à la personne en même temps qu'un sentiment d'accomplissement qui fait défaut dans les autres sphères de sa vie. Elle permet également de boucher tous les trous qui sont apparus dans le couple au fil du temps.

Une fois le bébé arrivé, plus de questionnements métaphysiques, plus de silence à briser, plus de questions à débattre, plus de conversations à faire, le petit demande toute l'attention. De toute façon, on n'a plus le temps de se poser des questions. Toutes les énergies sont consacrées à l'enfant. Voilà une raison de vivre qui aura pris neuf mois mais qui balance tous les questionnements à la poubelle en un cri.

N'oublions pas, également, et c'est très important, l'hormone de testostérone, très présente chez l'homme, très peu présente chez la femme. Voilà une donnée cruciale que l'on oublie souvent. Et qui effectue un clivage important entre les deux sexes. « Au même titre que l'homme ne comprendra jamais l'expérience de la grossesse, de l'allaitement ou du cycle menstruel, la femme ne comprendra jamais ce que l'on pourrait appeler l'instinct de chasseur et l'attitude défensive qu'il a développés depuis trois millions d'années[36]. » Deux races d'animaux n'ont jamais cohabité ensemble. En agissant ainsi, l'homme se dénature.

Mais il ne peut perdurer longtemps dans cet état qui n'est fondamentalement pas le sien. D'autant moins qu'une fois l'enfant né, il perd sa blonde pour de bon. Leurs rapports ont éclaté. Adieu sexe et confidences. Si la vie du père est dès lors principalement consacrée à l'enfant, la vie de la femme est uniquement consacrée à l'enfant.

Être père constitue également pour l'homme une façon de recevoir un amour inconditionnel, ce qui lui manque tant depuis qu'il ne reste plus chez sa maman. Il est ainsi aimé et valorisé de façon absolue, ce qu'il n'est plus dans aucune sphère de sa vie. L'enfant comble ce grand vide qui l'habite. Jusqu'à ce que l'enfant ait 15 ans et qu'il le brasse comme il n'a jamais été brassé.

Beaucoup de couples ne survivent pas au premier enfant. De zéro à trois ans, l'enfant demande toute l'attention. De quatre à huit ans, il est très turbulent, c'est l'exaspération. De 9 à 12 ans, il commence à confronter les parents et à les envoyer promener. De 13 à 17 ans, c'est l'adolescence, nul besoin d'en rajouter. Après 18 ans, on pense que les problèmes sont terminés. Eh bien non, ils ne font que commencer. Ce qu'il détruit coûte de plus en plus cher. Je pense ici à la voiture, entre autres. Ses gestes délinquants ne sont que plus graves. La cerise sur le sundae? Il ne veut plus quitter la maison et y reste maintenant jusqu'à 30 ans.

Les gens en couple avec des enfants ne réalisent pas tous qu'ils sont malheureux. Pris dans les courses, le ménage, la planification des vacances, le cours de natation et la rénovation de la salle de bains, ils ne se rendent pas compte de leur vie morose. Ils ne réalisent pas qu'il n'y a rien à l'intérieur. Ils ne prennent pas conscience du vide de leur vie, sentimentalement pauvre, émotivement creuse et intellectuellement nulle.

J'irais même plus loin. Je crois que, pour l'homme whippet, avoir un enfant lui sert de défaite idéale pour n'être pas devenu ce qu'il aurait voulu devenir. L'arrivée d'un enfant constitue pour lui un prétexte en or pour rendre les armes une fois pour toutes. Et ce, tant au niveau personnel que professionnel. Il raye ainsi, d'un seul coup, les rêves et les objectifs qu'il n'a pu atteindre. Après cela, il devient un glandeur suprême, suivant la voie maintenant toute tracée par sa femme.

D'ailleurs, combien de fois entend-on de la bouche d'un homme : « J'ai laissé tomber ceci ou je ne fais plus cela, tu sais, deux enfants… » Alors qu'on n'entendra jamais ça de la bouche d'une femme.

Lorsqu'il a un enfant, l'homme doit

mener une vie de maman, aux antipodes de sa masculinité. Il s'emmerde alors durant des mois et des mois à jouer à la maman et à ne plus faire l'amour avec la vraie maman qui a maintenant beaucoup d'autres choses à faire. Son seul bonheur? Le bébé. La seule chose à laquelle il peut maintenant s'accrocher, étant donné qu'il a tout sacrifié pour lui. L'enfant est alors pour lui une bouée, comme lui-même a été une bouée pour ses parents.

Ce que je constate, dans mon entourage, c'est que le désir d'enfanter est un désir très complexe qui est pris beaucoup trop à la légère. On sait que, pour la femme, il s'agit d'un élément irréductible de sa nature. Mais pour l'homme?

Il faut réaliser qu'avoir un bébé n'est pas une solution. Un bébé est bébé pour quelques mois seulement. Le bébé va rapidement devenir un enfant. Et, plus tard, cet enfant va devenir un adulte. Un adulte qui risque fortement d'être aussi malheureux que son père. Son père qui a fait un enfant lui aussi un peu malgré lui. Un autre adulte qui s'est perdu en chemin.

7. LA RUPTURE

Après plusieurs mois de révolution plus ou moins tranquille, 80 % des couples vont se séparer. Très souvent, ce sera l'homme qui prendra la décision. Il va quitter sa femme à la grande surprise de celle-ci. Car, tout ce temps, il n'aura pas parlé de ses insatisfactions, ni de ses frustrations. Il aura soit tout gardé ça à l'intérieur de lui, soit tout raconté mais à ses amis seulement.

L'homme whippet n'a pas appris à communiquer. Ses parents ne communiquaient pas ensemble et ne parlaient pas avec lui non plus. Il encaisse sans mot dire jusqu'à ce qu'il en ait ras-le-bol et là, du jour au lendemain, il plie bagages.

À ce stade, il consulte habituellement un psychologue et se met à lire les livres de Guy Corneau. Mais il est trop tard. Il devra repartir à zéro pour se construire une nouvelle vie. Dans 90 % des cas, il partira avec une fille plus jeune, une petite bombe sexuelle dont la cloche de la maternité n'a pas encore sonné. Il en profite. C'est le retour à l'adolescence. Le retour au party. Jusqu'à ce que la cloche de la nouvelle sonne à son tour.

Nos pères ont attendu d'avoir fini d'élever leurs enfants avant de partir avec leur secrétaire. La pression sociale était très forte à l'époque. De nos jours, la pression est moindre, on zappe plus rapidement. Environ un an après que l'enfant est né, l'homme fout le camp. S'il est vraiment patient, ce sera tout de suite après le deuxième.

Par contre, à cet âge, l'adolescence ne sied plus aussi bien à l'homme. Il se rend compte de ses limites et frappe un mur. Il n'a plus la forme d'antan, les partys sont devenus physiquement très exigeants, les lendemains de veille durent trois jours.

Aussi, il n'est plus le *sex-symbol* qu'il était. Il n'a plus la touche avec les femmes, car il manque de pratique. Et tous ses amis ont leur petite vie plate de couple centrée sur la famille. Il se retrouve seul. Après quelques mois de ce régime, il se rend compte que ce n'est plus aussi amusant qu'il croyait. La liberté a soudainement un goût amer de lassitude. Que va-t-il donc faire? Eh oui : il va prendre la première venue et reproduire le même pattern qu'avec son ex. Mais où diable a-t-il remisé la leçon de son échec précédent? C'est un mystère. Un grand mystère. Ici, je n'ai pas de réponse, je dois l'avouer bien humblement.

C'est là que l'a mené ce joyeux cocktail de dépendance et de misère affectives, de manque de confiance en soi et de manque d'estime de soi.

Le plus triste, c'est le petit garçon ou la petite fille qui sera élevé en garde partagée. Car bien élever un enfant est devenu une tâche quasi impossible de nos jours. Il y a quelques années, je marchais dans la rue avec une amie. Et je me souviens qu'à la vue d'un couple avec un bébé, elle m'avait dit : « Tiens : en voilà d'autres qui se prennent pour Superman. » Elle avait bien raison. Tous les enfants sont victimes de la vanité de leurs parents. Nos parents n'ont pas réussi dans un monde qui était plus facile pour la famille, plus humain. Maintenant, rien dans la société n'est fait en fonction de la famille. Horaires, impôts, etc., la tâche d'élever des enfants est rendue quasi inhumaine. Et pourtant, on voit beaucoup de Supermen dans les rues.

Et, encore une fois, après la rupture, la femme va mieux agir que l'homme. Alors que la femme vivra pleinement son deuil et amorcera une profonde réflexion, la plupart des hommes vont se dépêcher à entrer le plus vite possible dans une nouvelle relation sans rien retirer d'une épreuve aussi importante.

8. POURQUOI L'HOMME
EST-IL UN INCAPABLE?

L'homme whippet est à la fois incapable d'être en relation et incapable de vivre seul. Problème. « Une vie de couple, c'est difficile à réussir. Il y a les problèmes auxquels le couple se trouve confronté. Mais il y a surtout les problèmes individuels qu'on n'avait pas résolus et qui font surface à la faveur de la confrontation avec l'autre. Le véritable défi, c'est de vivre avec soi-même. Mais nous n'en sommes pas conscients. On finit par projeter sur l'autre tous ses démons. Les problèmes du couple sont en grande partie des problèmes individuels qui surgissent à la faveur du couple. Encore une fois, nous débouchons sur la nécessité du travail sur soi, ce qui est particulièrement difficile dans le couple, car la tendance est de travailler sur l'autre: l'homme a tendance à coloniser la femme. Et la femme, de son côté, a tendance à convertir l'homme[37]. »

Mais pourquoi l'homme ne réagit-il pas? Outre la dépendance affective, qui puise ses racines dans l'enfance, l'homme whippet n'a pas confiance en lui et il manque cruellement d'estime de soi. Élevé dans l'insécurité affective et l'instabilité financière, il s'est endetté pour étudier. Il s'est ensuite battu pour avoir un emploi plus que précaire. Tout ça dans un contexte économique encore instable actuellement, où les perspectives ne peuvent égaler le boom que nos parents ont connu. Rappelons que le pouvoir d'achat des *baby boomers* a quadruplé en quelques années durant les années 1970.

Avouons que ce contexte n'aide pas à bâtir la confiance de l'homme. Et, justement, cette lacune se traduit précisément dans ses relations amoureuses. Il va choisir de vivre une relation médiocre plutôt qu'avoir à affronter ses angoisses et ses démons. Il préfère l'illusion, plus confortable, à la vérité. Malheureusement, il s'agit d'un baume qui coûte très cher et qui ne fait qu'atténuer les symptômes en surface. Des symptômes qui, tôt ou tard, vont lui éclater en plein visage.

Je crois que ce qui est le plus déprimant chez l'homme, c'est la faculté qu'il a de se faire croire tout ce qu'il veut se faire croire. Pour éviter la triste réalité qui, s'il ne se faisait pas croire tant de choses, le frapperait de plein fouet. En effet, l'homme a une telle aisance pour se mentir, c'est renversant. Il change d'idée sur des sujets majeurs à tous les mois et se convainc chaque fois que c'est la meilleure décision. Cette faculté de se convaincre est étroitement liée à la faculté d'oublier. Oublier qu'il a fait le mauvais choix, oublier ses priorités, oublier ses erreurs, s'oublier lui-même, oublier qu'il pourrait changer des choses pour reprendre sa vie en main.

Même lorsqu'il a un bébé et qu'il n'en désirait pas, il va se convaincre que c'est la meilleure chose qui pouvait lui arriver. Se convaincre, c'est ce qui le sauve de la catastrophe. D'ailleurs, ultimement, il n'a plus le choix de se convaincre parce qu'il est pris là-dedans jusqu'au cou. Ainsi, en se mentant à lui-même, il raconte des balivernes à ses amis. C'est la phase mensonges-sur-mensonges. Il les prend maintenant pour des valises et ceux-ci, évidemment, n'apprécient pas. L'étau de l'isolement se resserre encore plus.

Selon Élise Bourque, sexologue clinicienne et psychothérapeute : « Pour arriver à accueillir quelqu'un dans ses fragilités, il faut d'abord avoir une connaissance juste et réaliste de soi et pouvoir aussi se reconnaître dans ses bons et ses mauvais côtés. Hélas, les gens sont souvent bien plus préoccupés par leur image que par la connaissance profonde qu'ils ont d'eux-mêmes[38]! » Particulièrement les hommes, devrait-on ajouter. Et plus loin: « L'intimité nécessite forcément l'établissement de ses propres limites. » Ce que l'homme semble incapable de faire. Il accumule sans avoir le courage de dire quoi que ce soit. Jusqu'à ce qu'il soit trop tard.

Élise Bourque ajoute également: « Il faut de la patience, du temps, de l'écoute, de la sollicitude, du partage, de la délicatesse et beaucoup d'humilité pour tisser un lien solide et entretenir l'amour. Ce ne sont pas des valeurs à la mode, mais ce sont sans doute celles qui aideront le couple de l'an 2000 à survivre. » Je crains fort que ce ne soit précisément tout ce qui fait défaut à l'homme d'aujourd'hui.

La plupart des auteurs s'entendent pour dire que la communication est la base de la relation. Et c'est justement là, principalement, que le bât blesse. Pas besoin d'un doctorat en psychologie, regardez les couples autour de vous. L'explication la plus plausible est que les modes de communication de l'homme et de la femme seraient radicalement différents. Et c'est là que débuteraient malentendus, disputes et érosion du plaisir. « Pour l'homme, le langage est avant tout « utile » ou « futile ». Pour les femmes, en revanche, le langage est souvent et avant tout un moyen d'établir et de maintenir le contact[39]. »

Dans le best-seller *Les hommes viennent de Mars, les femmes viennent de Vénus*, on parle de la nécessité pour l'homme de se retirer parfois dans sa caverne. Et ce besoin de solitude viscéral chez l'homme n'est pas compris et n'est pas respecté par la femme.

Je crois que, fondamentalement, la femme a une image idéalisée de ce qu'elle veut dans le couple, et qui dit idéalisé dit utopique. La femme a une conception très rigide du couple, ce qui augmente de beaucoup les risques de confrontations.

Lors de mes recherches sur Internet, je suis tombé sur un article de Vincent

Thibeault intitulé *Réflexions sur le couple*. Sa conclusion est particulièrement intéressante : « Certains croient que le « malaise » que vit le couple s'explique par des facteurs extrinsèques au couple lui-même, par exemple que c'est la conséquence d'autres problèmes sociaux. Toutefois, à mon avis, ce malaise s'explique par un facteur intrinsèque, c'est-à-dire que c'est sa structure même qui en est la source.

« La thèse que je veux soutenir est que la structure du couple telle que léguée par la tradition (ses règles du jeu) n'est pas celle pouvant le mieux convenir à son nouveau rôle (épanouissement des partenaires). Ses rôles traditionnels étant la procréation, l'atteinte d'une certaine sécurité économique et un sacrement religieux essentiel, on comprend que ses règles du jeu, à savoir l'exclusivité et l'indissolubilité correspondaient bien à sa fonction. Il y avait adéquation entre rôle et structure. Le problème contemporain du couple, c'est que sa fonction a changé alors que sa structure est restée la même. J'irais jusqu'à dire que sa structure nuit à l'accomplissement de sa nouvelle fonction. » Et plus loin : « En somme, la difficulté majeure qu'éprouvent l'homme et la femme modernes, c'est l'absurde nécessité de se conformer au modèle figé et désuet du couple; un modèle ne répondant ni à la nouvelle situation sociale, ni à la nouvelle fonction qu'on lui attribue[40]. »

9. L'HOMME DANS LES MÉDIAS

Transposition quasi parodique de ce qui se passe dans la société, les hommes de la télé, ceux qu'on voit le plus, sont probablement les plus pathétiques. Qui sont-ils? Souvent des fils d'animateurs qui ne sont ni animateurs ni comédiens mais qui gagnent trop bien leur vie malgré tout à exercer ces deux métiers. Ils ont beau se teindre les cheveux en blond ou porter des lunettes ridicules pour attirer l'attention, c'est toujours le manque de substance qui retient notre attention. Ou alors ce sont des petits génies, à la fois chef d'orchestre, musicien, animateur qu'on n'a pas assez de voir et d'entendre partout, le matin et l'après-midi, à la radio et à la télé, et qu'on réinvite *ad nauseam* dans les talk-shows le soir en plus de leur faire animer des galas et des téléthons. Le bottin de l'Union des artistes est-il si mince?

Un point en commun, tous des garçons à maman, habillés comme le mannequin dans la vitrine. D'ailleurs, pour un animateur bien connu, c'est sa femme (maman) qui l'habille, a-t-il avoué récemment dans un magazine populaire. C'est le genre d'hommes qu'on nous enfonce dans la gorge depuis des années et qu'on essaye de nous faire passer comme meilleurs représentants de la gent masculine québécoise. Les petits gars sont tous mignons, ils n'ont pas de vraies opinions, ils n'osent pas dire un mot plus haut que l'autre et ce sont eux qui ont une émission pour parler des hommes à la télé. C'est ça, le mâle québécois? Méchants modèles!

Je ne sais pas qui, exactement, choisit de nous imposer ces grelots comme LA référence masculine et ce, depuis des années. Est-ce une dame à l'instinct maternel exacerbé ou un homme plus en âge de décider, comme il y en a tant au pouvoir? L'important, c'est que l'homme québécois, déjà en manque de modèles, n'a ici rien à se mettre sous la dent. Ici non plus, devrions-nous ajouter.

Dans les publicités et dans les téléséries, l'homme a environ sept ans d'âge mental. Il est un gros nono.

Ce qui est navrant au Québec, c'est que personne n'a d'opinions. Dès que quelqu'un brasse un peu des idées, on lui cloue le bec.

C'est tout le contraire de la France où les débats sont encouragés, où l'échange des idées est stimulé et où, enfin, il y a des tribunes qui permettent aux penseurs de s'exprimer.

Regardez ce qu'on fait avec Pierre Falardeau au Québec. On ne souligne que son côté exagéré, caricatural. On ne parle que du personnage, alors qu'il est un des seuls intellectuels au Québec à dire des choses, à faire réagir, à débattre des idées. Et on en fait un personnage de bande dessinée. Vous allez dire qu'il ne s'aide pas, oui, peut-être, mais il n'est pas que ça. Il faut aller plus loin. Aller justement au-delà des apparences. Dernièrement, mon ancien voisin, un charmant Français de 28 ans, m'avouait être atterré par la pauvreté intellectuelle au Québec. Et ce n'est pas un intellectuel, c'est un pilote d'hélicoptère!

À la télé, on fait une place en or à ces petits clowns dont le parcours est typique d'un ado en manque d'attention. Quelques années à jouer l'humoriste, puis animateur dans une émission et finalement acteur dans une comédie. Aucun talent dans aucune de ces disciplines, mais ça ne fait rien, le clown est à la mode, le clown est partout. On veut des clowns! Le clown est devenu en quelques années la norme de l'homme québécois.

D'ailleurs, nous avons probablement le plus haut taux d'humoristes au mètre carré au monde. Et, à mon avis, leur succès s'explique en partie par l'insuccès de nos couples. Le dénominateur commun chez tous nos artisans du rire? L'art de tourner le couple en dérision. Nos travers sont tellement nombreux et caricaturaux au Québec que les humoristes en font leurs choux gras.

L'homme va donc faire rire de lui dans une salle, entre deux bedonnants de la banlieue. Parce que c'est la façon encore une fois la plus facile d'évacuer toutes ses frustrations. 27,95 $ et deux heures et demie plus tard, c'est réglé. Et la conjointe a tout entendu sans qu'il ait eu à ouvrir la bouche.

Heureusement qu'il y a quelques francs-tireurs pour sauver la mise. Sinon, c'est l'époque des petits comiques, probablement choisis parce qu'ils sont inoffensifs. On récupère même les humoristes pour en faire des acteurs, des animateurs. Dans cette surenchère de la comédie et du rire, on oublie qu'il y a des sujets plus sérieux dont on devrait peut-être traiter. Du pain et des jeux, promettait César. Maintenant, on nous sert du rire et encore du rire.

Il faut absolument brasser la mièvrerie culturelle québécoise. Pour mettre un terme à la prolifération de ces minables personnages à la télévision. Et dans les publicités. Et dans les films. Là où l'homme est soit con, alcoolique, mou, agressif ou toutes ces réponses. Pensons seulement au petit couple de navets dans les pubs de Tim Hortons.

Des personnages écrits pour la plupart par des femmes (et des hommes!) de plus de 40 ans, qui donnent (probablement inconsciemment) le rôle des personnages forts aux femmes. Mais n'est-ce pas un reflet de la vraie vie? me direz-vous. Peut-être. Malheureusement. Mais arrêtons, s'il vous plaît, de leur donner de la chair à scénario.

Le grand succès de la série *Un gars, une fille* s'explique à mon avis par son réalisme désarmant. Caricatural, oui, mais connaissez-vous un couple qui ne le soit pas? La réalité ressemble vraiment à ça? Désespérément. La fille est mémère et hystérique, le gars est immature et borné. Leur relation? Mémère, hystérique, immature et bornée.

Et que dire de tous ces articles dans les magazines féminins sur la panne de désir des hommes? Tête dans le sable ou naïveté crasse? Oui, à la maison l'homme devient sexuellement amorphe, mais au bureau, le lendemain, il est un animal en rut. Amenez-lui une autre femme que la sienne et vous allez voir que ses batteries vont se recharger assez vite.

Lorsque l'animatrice chouchou du Québec a décidé de troquer le troqueur humoriste pour un autre mec comique, elle a révélé qu'au tout début de la relation, elle lui a demandé s'il voulait des enfants, sinon c'était dehors. Il a dit oui (…) et un an après elle était enceinte. On ne connaît pas quelqu'un après un an, mais ça ne fait rien. Une fois engagée dans son corps et dans sa tête à vouloir des enfants, rien ne peut arrêter la femme.

Quelle leçon d'humilité et de courage de Jean Barbe, dans son essai *Autour de Dédé* sur le non moins brillant chanteur des colocs. Cet artisan important, qui a contribué à nous faire partager sa vision via l'émission *La Vie d'artiste* et le journal *Voir,* nous sert un touchant plaidoyer personnel sur l'homme de notre génération. Malheureusement, à la toute fin, monsieur Barbe nous révèle avoir trouvé la clé. Eh oui, la clé magique : faire un bébé. La solution miracle. Faire un enfant balayerait d'un coup 30 ans de questionnements, 30 ans de remises en question, 30 ans de recherche sur soi. Super! Et que va-t-il dire à son enfant dans 30 ans? Qu'il a trouvé la clé à 30 ans, justement? Et que la clé, c'est lui?

Le vide médiatique me semble particulièrement évident chez les chanteurs. Nous arrivera-t-il un jour quelqu'un de la trempe des Pierre Flynn, Claude Léveillée, Claude Gauthier ou Sylvain Lelièvre? Un vrai artiste avec des choses à dire? C'est difficile à imaginer. Lorsqu'on regarde ces mini rock stars qui chantent du vieux réchauffé, ces timides gratteux de guitare, ces barbies masculines et autres playboys de service, on voit bien qu'il va falloir attendre une autre génération pour avoir quelque chose à se mettre sous la dent. Pour l'instant, le petit chanteur enregistre son petit album *plate* dans sa cuisine (c'est à la mode) et affiche l'air du gars qui vient de réinventer la chanson. Il n'a pas de matériel, mais il a l'attitude.

Aux bulletins de nouvelles, que voit-on de l'homme québécois? Qu'il est soit un motard, un violeur, un chauffard alcoolique récidiviste, un politicien menteur, un chef d'entreprise *crosseur* ou un lecteur de nouvelles tellement *straight* qu'on dirait qu'il a été conçu chez Bovet. Même Monsieur Net est de moins en moins viril avec les années. Il a maintenant l'air d'un gros gai musclé.

Côté femmes, au Québec, on se demande si c'est le public qui exige de voir seulement des matantes comme personnalités publiques ou si ce sont les décideurs qui n'ont pas été assez sevrés. Animatrices, chanteuses, comédiennes, nous sommes au royaume de la matante.

Par contre, c'est aussi dans les médias qu'on voit les seuls couples heureux. Et pas n'importe où: à Canal Vie. Le dimanche soir, ils sont là à nous parler de leur bonheur. L'homme et la femme semblent avoir subi un véritable lavage de cerveau. On dirait qu'ils sont sous l'emprise d'une drogue quelconque, ils sont complètement amorphes, mais plastiquement rayonnants. Ils sortent d'une thérapie de X années, ils s'étendent sur leur bonheur enfin trouvé. Le gars est tellement relax qu'on dirait qu'il a avalé une bouteille de valiums périmés. Il est assis dans le fauteuil *kétaine* de sa maison de banlieue en plastique. Si c'est ça le bonheur, je zappe. D'ailleurs, c'est ce que je fais à chaque fois.

Parlant de maison, quand je les vois bichonner sans relâche leur petit nid, cela me fait penser à une cabane à moineaux. Toute jolie à l'extérieur, mais vide à l'intérieur. Aucun oiseau ne s'est jamais approché d'une cage si aseptisée, si dénaturalisée. D'ailleurs, on devrait interdire les rénovations au Québec pour cinq ans. Le temps de se retrouver, le temps de s'occuper à quelque chose de plus constructif.

Les livres maintenant. Les best-sellers des librairies sont un indicateur puissant des courants de société. Et comme on sait que les femmes lisent beaucoup plus que les hommes, on peut donc présumer que ce sont elles qui font pencher la balance. C'est ce qui expliquerait la présence de tous ces ouvrages en série et autres fadasses objets aux couvertures or embossées. Ou la présence du navrant Alexandre Jardin qui, après 15 ans à réécrire le même livre, figure encore en tête de liste des meilleurs vendeurs. Tout compte fait, les femmes n'ont peut-être pas abandonné complètement l'idée du prince charmant.

Et tous ces autres livres dont les titres ressemblent à *Comment piéger un homme* et autres inepties du genre. Si l'on se fie à ça, l'homme est un petit poisson pas trop difficile à attraper, il ne suffit que d'appliquer quelques règles très simples en vente pour seulement 12,95 $ dans une librairie près de chez vous. D'ailleurs, imaginez le contraire, imaginez qu'un homme sortirait un livre intitulé *Comment piéger une femme*. Imaginez le tollé!

10. QUAND IL DEVIENT UNE STAR

Il ne faut pas sous-estimer l'influence des stars. Ce qui arrive à nos stars légitimise et entérine les actions du reste de la population. Les stars sont la référence ultime de l'évolution (un bien grand mot) des mœurs de notre société. Un exemple? À force de se faire gonfler les lèvres, les actrices ont fait des grosses lèvres la nouvelle norme.

Du côté des États-Unis, le système bien-pensant américain poursuit sa propagande. Après *Fatal Attraction* en 1987, voici qu'on lançait il y a quelques années *Infidelity*. Cette fois-ci, c'est la femme qui trompe son mari (évolution des mœurs, disais-je). Mais peu importe, la morale, c'est que, si vous trompez votre conjoint, vous courez à la catastrophe. D'ailleurs, j'avais lu quelque part que le taux d'adultère avait chuté drastiquement aux États-Unis après la sortie du film *Fatal Attraction*.

Une autre notion très hollywoodienne : le zapping sentimental. Les relations amoureuses des vedettes d'Hollywood changent maintenant à un rythme tel qu'elles banalisent l'expression même de relation amoureuse.

Qui a suivi le compte des amants de Madonna, une des femmes les plus admirées au monde? Des acteurs, son prof de gym, des baises avec ses danseurs et danseuses et puis un mari, un réalisateur tout ce qu'il y a de plus *straight*. De qui était son premier enfant déjà? De son entraîneur personnel, je crois. Elle aura donc un sportif et un intello?

Meg Ryan baise systématiquement avec chacune de ces costars. Jennifer Lopez s'est séparée après huit mois de mariage. Tandis que Nicolas Cage a demandé le divorce de Lisa Marie Presley après… trois mois! Et la liste est longue. Le reste dans toutes les revues à potins.

L'important à retenir est la banalisation des relations. Ce n'est pas grave si j'ai une maîtresse, tout le monde en a une. Ce n'est pas grave si je laisse ma blonde pour une jeune bombe sexuelle, même Hugh Grant l'a fait. Et on décide de se marier après un mois de fréquentation. Et on décide de faire un enfant, trois mois après la première rencontre. Alors que le taux d'endorphines est anormalement élevé et qu'on ne connaît pratiquement rien sur l'autre.

Les stars sont des modèles. Ce sont les gens les plus riches, les plus puissants, ceux qui mènent la vie que nous voudrions tous mener. Ce sont des idoles, bien malgré nous. Et justement, dans nos vies, tout semble se faire un peu malgré nous. Nous faisons des enfants, bien malgré nous. Nous gardons ce travail que nous détestons, bien malgré nous. Nous finissons par baiser avec la coordonnatrice au bureau, un peu malgré nous. On zappe nos amours comme on zappe les émissions de télé. On renie nos responsabilités comme si de rien n'était. On fait des 180 degrés dans nos vies comme si nous étions dans un jeu vidéo.

Pascal Bruckner, cet éminent écrivain français, affirme: « Pourquoi scrutons-nous avec une curiosité malsaine les liaisons, les ruptures, les deuils de ceux qu'on appelle les stars? C'est que ces êtres hors du commun à qui il suffit d'apparaître pour être et que l'on reconnaît même si on ne les connaît pas, ces êtres qu'aucun tabou, aucun excès ne retient ne sont vénérés que pour être ensuite ramenés au niveau commun. Condensant sur eux la plus vaste quantité de désir social, ils devraient avoir pour fonction de nous soustraire à la monotonie; mais ils ne le perturbent que pour mieux le confirmer. Et la presse du cœur n'existe que pour rassurer ses lecteurs, les certifier dans l'idée que princes, vedettes du cinéma et du showbiz sont les incarnations ambivalentes du bonheur, d'un idéal qu'ils peinent à réaliser. De là notre délectation amère de les voir frappés des mêmes maux que nous[41]. »

11. DES RAPPORTS
PUREMENT ESTHÉTIQUES

On parle souvent de ce culte du corps. Mais on ne souligne pas assez que cela se fait au détriment de l'esprit. Les gens ne lisent plus, les gens sont devenus tellement incultes. Tout tourne de plus en plus vite. On répond à tous les impératifs pressants de la vie en délaissant la réflexion et les sentiments.

L'homme se fait des muscles pendant que la femme se fait refaire la peau. Génération façade où tout reste en surface; les sentiments, la communication, les rapports amoureux. Qu'est-ce qu'on attend de nos vies, qu'est-ce qu'on recherche vraiment? Quelles sont nos priorités? Trop de questionnements, allons nous entraîner à la place.

Les femmes se font maintenant refaire les seins comme on rénove une cuisine. Lorsque cette mode était limitée à la Californie, on se disait: elles sont complètement folles, ces Américaines. Les pères qui offraient ça comme cadeau de graduation à leur fille, c'était pour nous insensé. Mais avez-vous vu la vitesse à laquelle le raz-de-marée a déferlé sur le Québec?

Et c'est sans parler des tatouages, du piercing… On ne sait plus quoi faire pour marquer notre différence, pour avoir une identité. Où cela va-t-il s'arrêter? Bien justement, j'ai l'impression que cela va s'arrêter bientôt. Une fille ne peut pas vraiment faire plus que se faire refaire les seins, avoir un anneau dans le clitoris, un bijou dans le nez, un autre après la lèvre et cinq à l'oreille.

Dans la section des petits, même la matante des matantes, Carmen Campagne, a été détrônée par la Britney Spears des deux à six ans, la très jolie Annie Broccoli. À trois ans, les petites filles connaissent toutes les chansons et les chorégraphies de Gabrielle Destroismaisons par cœur. À six ans, elles s'habillent comme les nunuches dans les vidéoclips. À 12 ans, les petits garçons les traitent justement de salopes dans la cour d'école. À 12 ans, le futur homme n'a fréquenté que ça à l'école: des filles ultra-sexy déguisées en chanteuses. La notion de respect a fait une fugue.

Ceux qui doutent encore des effets de la publicité ne sont pas passés récemment devant un club d'entraînement. Il faut voir ces hommes et ces femmes de tous âges et de tout acabit s'éreinter à toute heure du jour et de la nuit sur les dernières machines à la mode, tenter en vain de correspondre aux critères stricts des nymphettes et des Messieurs Muscles qu'on voit dans tous les médias.

CONCLUSION

Il est grand temps que l'homme whippet se durcisse un peu. En analysant l'origine de ses faiblesses et en ayant un tableau plus précis des mécanismes qui régissent le couple, l'homme pourrait échapper à ces patterns dont il sort toujours perdant. Yvon Dallaire affirmait dans une entrevue à *La Presse* en septembre dernier : « Les hommes doivent cesser de se définir par rapport aux femmes. » Voilà qui résume bien l'enjeu principal auquel tous les hommes doivent faire face.

Je constate dans mon entourage élargi que l'homme est foncièrement malheureux. Pourquoi? Parce qu'il s'entête à s'enfermer dans un couple et le couple est régi actuellement par les désirs de la femme.

L'homme voit le couple comme un eldorado, il s'y lance tête première pour réaliser finalement que c'est la source principale de son malheur. Après ça, il est trop mou pour réagir. Par manque de confiance et d'estime de soi, il se laisse engloutir au lieu de se tenir debout et d'essayer de bâtir quelque chose qui lui conviendrait mieux.

Le couple est à redéfinir, c'est là, à mon avis, une situation urgente. Mais, pour l'instant, l'homme est pris entre l'arbre et l'écorce. Fondamentalement amorphe, il reste présentement dans son petit confort et sa petite sécurité, trop mou pour tenter quoi que ce soit.

C'est vrai, la prolifération des M.T.S., et particulièrement du sida, a freiné ses ardeurs. Mais il me semble qu'entre la polygamie totale et la monogamie ennuyeuse, qui de toute façon ne fonctionne pas, il y a un terrain à explorer. Oui, ce pamphlet est un cri d'alarme, candide peut-être, désespéré certainement, choquant pour certains? mais la situation me semblait trop critique pour que je laisse passer la parade.

Le moindre petit changement de l'homme aurait un impact considérable sur toute la société. C'est ce que, bien naïvement, je souhaite. Il faut que l'homme bouge un peu pour se réapproprier son identité. Nous nous devons de revendiquer notre place. Seul au combat, l'homme se sent isolé. Il faut amener le débat sur la place publique. Un effet d'entraînement pourrait alors s'opérer. De toute façon, il faut qu'il se passe quelque chose, nous ne pouvons en rester là. Ça, dans mon esprit, c'est clair.

Pour l'instant, le constat est sans appel : le couple endort l'homme et le rend amorphe. Et cette lassitude, il la transporte dans tous les aspects de sa vie, en particulier dans sa vie professionnelle. Il laisse tomber ses rêves et ses idéaux, il devient une pâle copie de ce qu'il aurait voulu être. Le pire, c'est qu'il a le sentiment de mériter ce qui lui arrive tellement il est désabusé et tellement il manque de confiance en lui.

Paule Salomon explique : « Pour le moment chacun vit ses crises sans trop savoir ce qui lui arrive, avec l'impression confuse d'être contaminé par une maladie de l'âme non encore répertoriée et sans recours approprié. Il importe donc déjà de nommer cette difficulté, de la regarder, de l'accepter pour ensuite la traverser[42]. »

Le vendredi soir, après deux verres, mes

amis proches et moins proches m'avouent combien ils sont malheureux. Mais, le samedi matin, c'est déjà tout oublié. C'est le temps d'aller faire les courses (d'ailleurs, tous les couples font leurs courses le samedi matin, c'est ce qui les rend si mornes). Toute la semaine, il suit sa conjointe, la queue entre les jambes. L'homme d'aujourd'hui est devenu un animal castré.

Il n'ose pas prendre sa place d'homme. Une place qui pourtant lui revient. Il est constamment baloté entre se propres désirs et les besoins de la femme. Étant donné qu'il n'a plus d'identité, il va choisir de répondre aux impératifs de la femme qui sont à la fois plus affirmés, plus concrets et plus solides.

L'homme doit reconnaître et admettre que le mieux qui peut lui arriver lorsqu'il dit oui à contrecœur, c'est la garde partagée. Nous sommes d'ailleurs la génération du « une semaine sur deux ». Il me semble que l'on mérite plus que cela. Lorsque l'homme cède face aux manœuvres insidieuses de la femme (et bien souvent inconscientes, je le répète), il ne peut devenir plus fort, il ne peut sortir gagnant.

Bien des choses ont changé au cours des années. Et, en même temps, bien peu de choses. Les gens répètent encore les mêmes erreurs dans leurs relations sentimentales et ce, malgré l'échec de leurs parents, un exemple que nous semblons reproduire au lieu de tirer parti.

Tous les hommes se sentent différents et pensent qu'ils sont plus forts que ou au-dessus de ce pattern. Mais ils sont tous pris à l'intérieur de cette cage d'une façon ou d'une autre. Ce qui est navrant, c'est que l'homme perd ses petites batailles individuelles au sein de son couple. Je crois, au contraire, qu'il faut se mobiliser. Il faut que le combat devienne collectif. C'est mon souhait le plus cher.

Récemment, l'humoriste bien connue, Lise Dion, affirmait en entrevue : « Bref, mon message est tout simple : puisque les gars sont faits comme ça, on pourrait peut-être commencer par s'ajuster à eux au lieu de leur enlever leur identité[43]. » Encore une fois, il faut que ce soit une femme qui le dise !

L'homme aussi a droit au bonheur. Il ne doit pas laisser son destin entre les mains du sexe opposé. Il mérite de se donner une chance de pouvoir vivre mieux. Plus en harmonie avec ces vrais besoins. Pas les besoins de sa femme, de la femme. Il doit ouvrir les yeux et surtout ne pas les fermer lorsqu'il sent que sa vie lui échappe. Lorsqu'il ne fait que suivre les volontés de la femme, l'homme fait automatiquement fausse route.

Il faut lever l'embargo sur le désir, se tenir debout et assumer sa masculinité. L'homme doit redevenir homme pendant qu'il en est encore temps. Le changement est urgent et il ne viendra pas de la femme, car, pour l'instant, elle est gagnante sur toute la ligne (enfin, tant qu'il suit ses ordres).

Mais, pour amorcer un changement, peut-on se fier sur le glandeur suprême, le grand paresseux? Difficile à imaginer. Mais si, à tout le moins, il réussissait parfois à dire non. Juste une fois de temps en temps. Ce serait déjà un bon début.

Je vais sortir un énorme cliché, mais le « s'aimer soi-même » me semble ici des plus pertinents. Il faut d'abord s'aimer soi-même avant d'aimer quelqu'un d'autre, avant de s'engager dans un couple. Et pour l'instant, l'homme québécois n'a pas de raisons de s'aimer, n'ayant plus d'identité, ne sachant plus qui il est. Après, seulement, nous pourrons parler de reconstruction.

À l'heure actuelle, le couple est à la dérive parce que l'on prend les règles du couple comme des règles universelles et immuables. Nous n'avons même plus espoir d'améliorer notre sort. On dirait que nous avons abandonné l'idée même que ça pourrait changer. Mais si l'homme transférait toute l'énergie qu'il met à faire des compromis pour travailler sur lui, il en viendrait à avoir une identité plus forte. Et des identités plus fortes seraient plus susceptibles de faire des couples plus forts.

Je suis encore une fois d'accord avec Yvon Dallaire lorsqu'il affirme que : « Le mouvement de libération de l'être humain devait avoir lieu : il a commencé par le mouvement de libération des femmes. Merci, Mesdames! C'est maintenant aux hommes de se mettre en marche pour l'amélioration des relations homme-femme et de la société dans son ensemble[44]. »

« Notre société prône la chasse à la sorcière qu'est la solitude. Être seul avec soi-même paraît la chose la plus condamnable. La solitude n'est pourtant pas une maladie dont on doit guérir. La vérité est qu'on ne pense jamais que seul. [...] Or la qualité essentielle d'un homme est de pouvoir penser par lui-même, d'être libre-penseur, et non pas librement aliéné. Il faudrait apprendre aux gens à penser, leur faire comprendre que ce n'est pas l'exercice assommant qu'on leur dit[45]. » Je crois qu'on a encore un bon bout de chemin à faire.

Dans un de ses livres, le Français Frédéric Beigbeder parle également de la solitude en ces termes : « Être seul est devenu une maladie honteuse. Pourquoi tout le monde fuit-il la solitude ? Parce qu'elle oblige à penser... Personne ne veut la solitude, car elle laisse trop de temps pour réfléchir. Or plus on pense, plus on est intelligent, donc plus on est triste[46]. »

Pasini dit, dans l'ouvrage dont je parlais précédemment : « Je n'ai pas encore trouvé de réponse. Je n'ai qu'une intuition : si l'Éros s'affranchissait de la fatalité de la durée, peut-être la vie à deux serait-elle plus acceptable. »

Plus loin, il ajoute: « Du modèle d'hier ne survit que le préjugé indéracinable selon lequel le bonheur d'un couple se juge à la longévité. Ce n'est pas toujours vrai. Car les couples qui fonctionnent sur le mode du conflit permanent sont très tenaces: tout, entre eux, est fait pour préserver des litiges considérés comme gratifiants[47]. »

À la lueur des mécanismes puissants du couple évoqués dans ce livre, nous sommes en voie de nous demander si le couple en vaut la peine. Eh bien, je crois que oui. Mais seulement si l'homme a son mot à dire. Seulement si les femmes veulent amorcer un dialogue. Seulement si l'homme trouve le courage de s'exprimer enfin. Seulement si l'homme peut participer à la définition du couple, à son élaboration, de façon égale. Condition *sine qua non*. Lorsque le couple est façonné uniquement par la femme, l'homme est automatiquement perdant. Le couple tel que voulu par la femme va à l'encontre de l'homme. De tout ce qui fait un homme un homme. Est-ce que c'est ça que l'homme veut? Vraiment?

Alors que nous sommes en pleine remise

en question des rôles sexuels, l'homme baisse les bras alors que la femme s'affirme de plus en plus. Le fossé s'élargit de jour en jour. Malgré les apparences, la femme est plus forte que l'homme et ce, dans presque tous les aspects de sa vie et plus particulièrement dans le couple.

Nous sommes présentement dans une situation où ceux qui sont en couple envient la liberté des célibataires et où les célibataires envient la sécurité des gens qui sont en couple. Il existe sûrement un juste milieu et c'est à nous de le trouver.

Ne pourrions-nous pas arriver à bâtir des couples où il y aurait et liberté et sécurité? Des couples plus ouverts, plus réceptifs, plus honnêtes, plus équilibrés, plus respectueux et plus fous? Ne pourrions-nous pas arriver à avoir des relations enviables? Avec beaucoup moins de non-dit, de tabous, d'hypocrisie et de cachotteries?

Le couple survit, mais ne vit pas pleinement. Il survit à l'espoir de faire mieux que ses parents, que ses amis, que le voisin, bref, que tout le monde. Il survit à un monde qui a perdu toutes ses valeurs, il survit à tous ces attentats quotidiens, mais il ne vit certainement pas dans la joie et la plénitude.

J'aimerais qu'aujourd'hui soit l'aube d'une révolution. La Révolution de l'Homme québécois. Une révolution tout sauf tranquille. Mais pour cela, il va falloir que les hommes se lèvent enfin. Debout. Et se tiennent.

Pour communiquer avec l'auteur:
hommewhippet@canada.com

NOTES

1.   www.chien.com/Fich_Stand/418Race.html et
perso.wanadoo.fr/laurent.hosan/whippet/
whippet.html

2.   Guy A. Lepage lors d'une entrevue avec Richard
Martineau, *Les Francs-tireurs*, le 27 novembre 2002.

3.   Yvon Dallaire, *S'aimer longtemps: L'homme et la
femme peuvent-ils vivre ensemble?* Québec, Éditions
Option Santé Enr., 1996, 1998.

4.   Magazine *Clin d'œil*, octobre-novembre 2001.

5.   Willy Pasini, *À quoi sert le couple?* Paris, Éditions
Odile Jacob, 1996. Ouvrage paru en Italie aux
Éditions Mondadori sous le titre *A che cosa serve la
coppia* et traduit de l'italien par Anne-Lise Quendolo,
1995 Alnodo Mondadori Editore S.P.A., Milan.

6.   Paule Salomon, *Les Hommes se transforment*:
L'homme lunaire, Paris, Éditions Albin Michel, 1999.

7.   Yvon Dallaire, *Homme et fier de l'être*, Québec,
Éditions Option Santé, 2001.

8.   Magazine *Clin d'œil*, juillet 2002.

9. *Par 4 chemins*, septembre 2001, Productions Minos Ltée.

10. Magazine *Châtelaine*, juin 2002.

11. Voir note 7.

12. Serge Tremblay, « La différence de désir dans un couple : un problème d'intimité ou de pouvoir? » UQAM, *Revue de sexologie*, vol. 3; n° 1.

13. Dr. Guy Bodenmann, Institut de Psychologie, Universitas Friburgensis, février 1995.

14. Voir note 13.

15. Voir note 6.

16. Voir note 6.

17. Voir note 7.

18. Gerrard MaNicci, « Le bonheur est un animal sauvage », *Courrier international*, n° 455, du 22 au 28 juillet 1999.

19. Mélanie St-Hilaire, « Avoir (ou pas) un enfant, L'avenir de la famille devient un plus grand défi », *La Presse*, 3 avril 2002.

20. Stéphane Bourguignon, *L'Avaleur de sable*, Montréal, Québec-Amérique, 1994.

21. Jacques Fournier « L'amour qui dure est rempli de désirs et de projets, mais sans espoir », *La Presse*, 11 février 2001.

22. Voir note 3.

23. Mathias Brunet, *Paroles d'hommes*, Montréal, Éditions Québec-Amérique, 2002.

24. Voir note 5.

25. Voir note 10.

26. Jean-François Saucier, professeur au Département de psychiatrie et médecin à l'hôpital Sainte-Justine de Montréal.

27. Élise Bourque, M.A. sexologue clinicienne et psychothérapeute, membre de l'Association des sexologues du Québec, Service Vie inc. 1998-2002. Publications Transcontinental inc. 2002.

28. André Comte Sponville, *Le bonheur, désespérément*, Nantes, Éditions Pleins Feux, 2000.

29. Voir note 7.

30. Population Information Program, Center for Communication Programs, *The John Hopkins School of Public Health*, 1998.

31. Voir note 23.

32. Ernie Zelinski, *L'art de rester célibataire*, Montréal, Stanké Québécor Média, 2002.

33. Institut de la statistique du Québec, Analyse sur les divorces de l'an 2000.

34. Maxime Olivier-Moutier, *Pour une éthique urbaine*, Verdun, Éditions de l'Effet pourpre, 2002.

35. Voir note 6.

36. Voir note 3.

37. Voir note 9.

38. Voir note 27.

39. Christel Peticollin, source inconnue.

40. Vincent Thibeault, « Réflexions sur le couple », *Le Pourquoi? Journal des étudiants en philosophie de l'UQÀM*, Vol. 3; n° 3.

41. Pascal Bruckner, *L'Euphorie perpétuelle - Essai sur le devoir de bonheur*, Paris, Éditions Grasset et Fasquelle, 2000.

42. Voir note 6.

43. Magazine *Clin d'œil*, août 2002.

44. Voir note 7.

45. Catherine Breillat, *Le Nouvel Observateur*, Hors Série, La sagesse aujourd'hui, avril-mai 2002.

46. Frédéric Beigbeder, *L'amour dure trois ans*, Paris, Éditions Grasset et Fasquelle, 1997.

47. Voir note 5.

DISTRIBUTEURS EXCLUSIFS

Distributeur pour le Canada et les États-Unis
LES MESSAGERIES ADP
MONTRÉAL (Canada)
Téléphone : (514) 939-3767 ou 1 800 933-3770
Télécopieur : (514) 939-0406 ou 1 800 465-1237
www. messageries-adp.com

Distributeur pour le Benelux
S.D.L. CARAVELLE
BRUXELLES (Belgique)
Téléphone : 0032 2 240 93 00
Télécopieur : 0032 2 216 35 98
info@sdlcaravelle.com

Distributeur pour la Suisse
TRANSAT S.A.
GENÈVE
Téléphone : 022/342 77 40
Télécopieur : 022/343 46 46

Distributeur pour la France et autres pays européens
HISTOIRE ET DOCUMENTS
CHENNEVIÈRES-SUR-MARNE (France)
Téléphone : 01 45 76 77 41
Télécopieur : 01 45 93 34 70
www.histoire-et-documents.fr

Dépôts légaux
1er trimestre 2004
Bibliothèque nationale du Canada
Bibliothèque nationale du Québec